Inhaltsverzeichnis

Vorwort	5
Einleitung	7
Was ist Kigaku?	15
Die neun Sterne *(Tabelle 1)*	20
Wer paßt zu wem? *(Tabelle 2)*	23
Der Kreislauf der Zahlen und Elemente *(Abbildung 1)*	25
Die richtige Wahl der Schicksale	29
Ideale Kombinationen	31
Sehr gute Kombinationen	33
Gute Kombinationen	35
Ungünstige Kombinationen	37
Lösungen für ungünstige Kombinationen	38
Beziehungen zwischen Personen gleichen Geschlechtes	43
Die Eigenschaften der Sterne	45
Die Elemente und ihre Kombinationen	55
Die Elemente und die Jahreszeiten *(Tabelle 3)*	56

Die Elemente und ihre Eigenschaften 57
Die Charakteristik der Elemente *(Tabelle 4)* 62

Die Tierzeichen 63
Die Ratte 64
Der Büffel 66
Der Tiger 68
Der Hase 69
Der Drache 71
Die Schlange 72
Das Pferd 74
Das Schaf 76
Der Affe 77
Der Hahn 79
Der Hund 80
Der Eber 82

Schicksal und Tierzeichen 85
Die Tierzeichen und ihre
Kombinationsmöglichkeiten *(Tabelle 5)* 94

Geburtszeit und Tierzeichen 95
Geburtszeit und Tierzeichen *(Tabelle 6)* 96

Anstelle eines Schlußwortes 97

Anhang
Die Jahreszeiten des Kaisers 99
Der Rhythmus der Lebenszyklen 109
Die Himmelsrichtungen und
das Schicksal von Häusern 113

Vorwort

Nicht viele Menschen außerhalb von Japan wissen, daß wir Japaner unter „neun Sternen" leben. Dies wurde mir eines Tages bewußt, als ich in Tokio in einem Zug saß und ein ausländischer Freund mich plötzlich fragte: „Was ist eigentlich Kigaku?" Ich schaute ihn erstaunt an und warf einen Blick auf die junge Frau, die neben ihm saß und in ein Buch über japanische Astrologie vertieft war.

„Kigaku?" Ich schaute meinen Freund ungläubig an. Er war ein junger Hochschulabsolvent, der jetzt seine Doktorarbeit über japanische Gegenwartsliteratur an der Universität Waseda schrieb. Bevor er nach Japan kam, hatte er einige Jahre in seinem Heimatland japanische Literatur und japanische Geschichte studiert, und ich war sicher, daß er so gut wie alles über unsere Kultur und unsere Tradition wußte. Dennoch hatte er mir gerade eine ziemlich grundlegende Frage über japanische Astrologie gestellt, die selbst ein japanisches Schulkind hätte beantworten können.

Ein Buch über die Anwendung der neun Sterne und ihrer Positionen auf das tägliche Leben, wie es die junge Frau gerade las, ist in den meisten japanischen Haushalten vorhanden. Vielleicht irgendwo im Eßzimmer, in einer Nachttischschublade, auf dem Küchentisch oder auf einem Stapel Zeitungen neben dem Fernsehgerät, genauso wie früher die Bibel selbstverständlicher Bestandteil jedes Haushalts im Westen war.

Nachdem wir aus dem Zug ausgestiegen waren, kaufte ich meinem Freund an einem Kiosk eine Ausgabe von

Takashima Ekidan, und später rief er mich häufig an, um mich nach der Bedeutung einiger Begriffe zu fragen. Langsam wurde mir klar, daß Menschen außerhalb von Japan, vor allem im Westen, sehr wenig über diese Dimension der japanischen Kultur wissen. Einfach nur ein Buch über die „neun Sterne" ins Englische oder in eine andere Fremdsprache zu übersetzen, würde die Leser ohne eine weitergehende Erklärung der zugrundeliegenden Prinzipien nur verwirren. Aus diesem Grund entschloß ich mich, das Wesentliche über die „neun Sterne" und über Kigaku für Leser außerhalb Japans zusammenzufassen. Ich habe das vorliegende Buch in der Hoffnung geschrieben, daß diese Menschen die grundlegenden Elemente der japanischen Astrologie verstehen und in ihren Alltag integrieren können.

Als ich das Manuskript fertiggestellt hatte, übersetzte mein Freund Dragan Milenkovic die Arbeit in seine Muttersprache Serbokroatisch, und dieses Buch wurde geboren. Nach fünf Neuauflagen in Jugoslawien beschlossen wir, das Buch in englischer Sprache zu veröffentlichen, um einen größeren Leserkreis zu erreichen.

Takeo Mori

Einleitung

Die Vorfahren der Japaner kamen in mehreren Abständen vom asiatischen Festland sowie von Südost-Asien und den pazifischen Inseln nach Japan. Die japanische Sprache scheint sich in erster Linie in Nordost-Asien entwickelt zu haben und wird heute der altaischen Sprachfamilie zugeordnet.

Historische Ereignisse lassen darauf schließen, daß der erste japanische Staat ungefähr im 3. Jahrhundert entstand. In dieser Zeit war die japanische Kultur starken Einflüssen aus China ausgesetzt. Wellen von chinesischen Flüchtlingen verließen wegen Kriegen und Unruhen das Festland, gelangten über Korea auf die japanischen Inseln und brachten ihre Kultur und Philosophie mit.

Bis zum 6. Jahrhundert war Japan mit dem Aufkommen des Buddhismus und der Verwendung chinesischer Modelle bei der Reformierung des japanischen Staates zu einem fruchtbaren Boden für chinesische Einflüsse geworden. Alles, vom Schreibsystem und der Regierung bis zur Landwirtschaft, Literatur und Kunst, trug einen deutlich chinesischen Stempel, und lange Zeit schrieben gebildete Japaner chinesisch, als wäre es ihre zweite Muttersprache.

Die chinesische Philosophie war untrennbarer Bestandteil von alledem, und sie war wiederum untrennbar mit der Astrologie verbunden. Wie es im *I Ging,* dem Buch der Wandlungen, heißt: „Wenn die Kälte geht, kommt die Wärme; und wenn die Wärme kommt, geht die Kälte ... Wenn die Sonne am höchsten steht, beginnt ihr Abstieg;

und wenn der Mond voll ist, beginnt auch sein Abstieg."
Im *Tao Te King* steht geschrieben: „Umkehr ist die Bewegung des Tao."

Die Chinesen waren Bauern und mußten über die Natur und ihre Veränderungen Bescheid wissen, um möglichst gute Ernten zu erzielen. Das galt auch für den chinesischen Staat, der von der Arbeit der Landbevölkerung abhängig war. Aus diesem Grund wurde Philosophen immer zuerst die Aufgabe gestellt, die Vorgänge in der Natur zu studieren, um den Bauern zu helfen. Wer den Boden bebaute, stand in ständigem Kontakt mit der Natur und hegte eine tiefe Achtung und Zuneigung zu ihr. Die Taoisten entwickelten aus dieser Haltung der Natur gegenüber eine umfassende Philosophie.

Die Taoisten waren jedoch, wie Hsün-tzu später erklärte, viel zu sehr auf die Natur konzentriert, um die Menschen zu verstehen. Die Anhänger von Konfuzius hatten eine ausgewogenere Einstellung zum Verhältnis von Mensch und Natur und schufen auch die philosophische Basis zur Errichtung eines starken Gesellschafts- und Regierungssystems.

Während der Chou-Dynastie vom 12. bis 3. Jahrhundert vor Christus gab es keine Trennung zwischen Beamten (im Dienste des Staates) und Lehrenden (im Dienste der Wissenschaft). Die Beamten in bestimmten Bereichen der Verwaltung waren auch verantwortlich für die Verbreitung der wissenschaftlichen Lehren, die mit ihrem Bereich in Verbindung standen. Mit dem Niedergang der Chou-Dynastie verloren diese kaiserlichen Beamten ihre Stellung und verstreuten sich über das ganze Land. Sie gründeten Schulen, um das Wissen aus ihren Spezialgebieten weiterzugeben, und einige ihrer Schüler, auf deren Lehren wir noch eingehen werden, kamen so in den Besitz des Gedankengutes der kaiserlichen Astronome.

Sie beobachteten den Himmel, die Bewegungen der

Sonne und des Mondes, die Stellungen der Planeten zueinander und die Einteilung der Zeit und die Jahreszeiten. Ihre Schule war bekannt unter dem Namen Yin-Yang, die Schule der Gegensätze, und ihre Philosophie beruhte auf der Überzeugung, daß die Beziehungen im Weltall genauso fest definiert seien wie die Beziehungen in der Gesellschaft und daß sie auf der Versöhnung von Gegensätzen beruhten.

Ein Hauptwerk der Yin-Yang-Schule ist das *Yüeh-ling* (Monatliche Verfügungen), das aus dem 3. Jahrhundert vor Christus stammt. Es enthält Anweisungen und Vorschriften für Volk und Herrscher zum Erreichen eines Gleichgewichtes mit der Natur und beschreibt die Struktur des Universums mit Hilfe der grundlegenden Energien, das heißt der Yin- und Yang-Kräfte und der fünf ursprünglichen Elemente. Die Yin-Yang-Schule erklärte natürliche Phänomene und die Jahreszeiten mit Hilfe dieser alten kosmologischen Theorie, die den Ursprung und die Struktur des ganzen Universums umfaßte.

Die Yin-Yang-Schule versuchte, die innere Harmonie durch einen Ausgleich zwischen Mensch und Naturgesetzen zu erreichen. Zu diesem Zweck entwickelte die Schule ein numerologisches System, das auf den fünf Elementen (Kräften) und dem magischen Zahlenquadrat sowie den Hexagrammen des *I Ging* basierte.

Die alten Chinesen definierten Zeit anders als heute. Zeit wurde in Interaktion mit dem Kosmos und der Erde betrachtet, und die Manifestationen dieser Beziehungen ergaben einen 60-Jahres-Zyklus. Die Legende besagt, daß dieser Zyklus, der in die grundlegenden Beziehungen zwischen den fünf Elementen und zwölf Stundenzweigen unterteilt ist, vor ungefähr 1 Million Jahren begann. Er begann um Mitternacht zur Wintersonnenwende, als sich alle Planeten des Sonnensystems in Konjunktion befanden.

Später wurde die chinesische Typologie, die die Menschen nach Uhrzeit, Tag, Monat und Jahr ihrer Geburt kategorisiert, in die Theorien der Yin-Yang-Schule integriert. Nach dieser Typologie bringt die Gesellschaft, was den Menschen betrifft, eher Unterschiede als Affinitäten hervor. Genauso wie verschiedene Häuser aus Ziegelsteinen, Platten, Balken, Wänden und Fundamenten gebaut werden, bringt auch die Gesellschaft verschiedene Typen von Menschen hervor. Es gibt keine guten oder schlechten Zeichen und folglich auch keine guten oder schlechten Menschen. Alle Menschen sind gleich gut, aber widrige Umstände können dazu führen, daß ein günstiges Zeichen ein ungünstiges Schicksal erfährt. Jeder Mensch mit seinen Fähigkeiten, seinem Potential und seinen Aufgaben ist ein wertvolles Glied der Gemeinschaft.

Wie im alten China wurde der Mondkalender auch in Japan viele Jahre lang verwendet. Nach diesem Kalender bestehen die Monate des Jahres aus zwölf jungen Monden, wobei in jedem 12. Jahr ein dreizehnter Mond hinzugefügt wird. Die 12-Jahres-Periode ist ein Unterzyklus des 60-Jahres-Zyklus, und jedes Jahr trägt den Namen eines Tieres.

Vor langer Zeit einmal waren die Tiere stärker als die Menschen, auf die ihre Stärke und Vitalität einen tiefen Eindruck machte. So überrascht es kaum, daß die Menschen sie verehrten und ihnen eine Reihe göttlicher Eigenschaften zuschrieben. Da die Menschen es den Tieren gleichtun wollten, ordneten sie ihnen gleichzeitig auch menschliche Züge zu. Zum Beispiel gilt das Pferd seit jeher als edles Tier. Ihm werden Intelligenz, Vitalität und einige typisch weibliche Eigenschaften, wie zum Beispiel Mutterinstinkt, zugeschrieben. In China wird mit dem Pferd im allgemeinen auch der Tod assoziiert.

In ihren Symbolen zeigen sich die Tiere in ihrer instinkthaften, ungezähmten, natürlichen Stärke. Der Überlieferung nach sind der Drache und die Schlange Hüter eines Schatzes, jedoch kann es sich bei diesem Schatz auch um das Leben handeln. Die Schlange ist gleichzeitig furchteinflößend und faszinierend. Sie ist das Symbol für die Unterwelt, aber auch für den Phallus. Sie symbolisiert übersinnliche Energie und ist, zusammengerollt und mit dem Schwanz im Mund, ein Sinnbild für den ewigen Kreislauf von Leben und Energie.

Auch der Drache ist Hüter eines Schatzes, aber er bewacht auch den Weg zum Lebensbaum. Wer in Drachenblut badet, wird unverwundbar. Der „Stein des Drachen", ein sagenumwobener Stein in chinesischen Sagen, verfügt über magische Kräfte, kann Krankheiten heilen und Menschen unbesiegbar machen. Der Drache ist das Symbol für Vitalität und das Unbewußte. In der Alchemie hat der Drache die Macht, Elemente in wertvolle Substanzen zu verwandeln.

Der Legende nach wurden Auswahl und Reihenfolge der Tierzeichen festgelegt, als die zwölf Tiere vor Buddha gerufen wurden. Eine Geschichte erzählt, wie er sie zu sich rief, um das Neue Jahr zu feiern, eine andere dagegen berichtet, wie sie in der nachfolgenden Reihenfolge eintrafen, um ihn zu verabschieden, bevor er die Erde verließ. Als erstes Tier traf die lebhafte und flinke Ratte ein, gefolgt von dem schwer arbeitenden Büffel, dem starken Tiger, dem vorsichtigen Hasen, dem furchteinflößenden Drachen, der klugen Schlange, dem intelligenten Pferd, dem verträumten Schaf, dem rastlosen Affen, dem stolzen Hahn, dem treuen Hund und dem gewissenhaften, aber aggressiven Eber. Ein Mensch, der im Jahr eines bestimmten Tieres geboren ist, soll über alle Eigenschaften dieses Tieres verfügen: über seine Schwächen, Stärken, seine grundlegenden Wesenszüge und Neigungen.

Darüber hinaus sind bei Menschen, die am ersten Tag eines neuen Jahres geboren werden, die Eigenschaften ihres Geburtszeichens am ausgeprägtesten. Menschen, die im aktiven Teil des Jahres (Frühjahr und Sommer) geboren werden, sind selbst aktiv. Sie streben nach Fortschritt, Perfektion und Entwicklung. Menschen, die im Winter oder Herbst geboren sind, sind meist bei weitem passiver. Sie treffen weniger schnell Entscheidungen und streben normalerweise nach Stabilität.

Die prinzipiellen kosmobiologischen Zyklen, die die Eigenschaften einer Person nach der traditionellen chinesischen Astrologie definieren, sind: Monat und Jahr der Geburt (12-Jahres-Zyklus), die Jahreszeit, die Mondphasen (zwei vierzehntägige Perioden), die tägliche Mondphase (periodische 28-Tages-Zyklen) und die täglichen Änderungen der grundlegenden Yin- und Yang-Energien (täglich zwei zwölfstündige Perioden und 12 zweistündige Änderungen).

All dies wurde bereits an anderer Stelle beschrieben. Hier soll untersucht werden, auf welche Art und Weise man Eigenschaften und wichtige Änderungen mit dem in Japan entwickelten System der „neun Sterne" bestimmen kann.

Die unter der japanischen Bezeichnung Kyusei bekannte Methode, deren Ursprung in Indien liegt, wurde in Japan so umfassend weiterentwickelt, daß jedem Aspekt des Lebens wie Arbeit, Heim, Freizeit, Liebe ein separater Band gewidmet ist.

Frühe japanische Texte wie *Kojikie* (Chronik des Vergangenen), *Nihonshoki* (Chroniken Japans) und *Die Sage von Genji* spiegeln eine Gesellschaft wider, die praktisch von denjenigen beherrscht wurde, die mit der Lehre von Kyusei vertraut waren. Bauern konnten nicht mit der Bestellung der Ernte beginnen, ohne die alten Chroniken hinzuzuziehen, und Angehörige der Oberschicht galten als ungebildet, wenn sie den richtigen Stern für einen bestimmten Anlaß nicht kannten.

Die Entfernung zwischen zwei Punkten wurde nicht immer durch eine Gerade überwunden, wenn es in den Sternen Hinweise auf Hindernisse gab. Ein Reiterzug gelangte nicht immer durch das gleiche Tor ins Schloß, und militärische Feldzüge wurden normalerweise nur dann unternommen, wenn sie mit dem Willen der Sterne in Einklang standen. Alle Vorhaben oder Pläne waren abhängig von himmlischen Weisungen, angefangen vom Bau eines Hauses (Form, Größe, Ausstattung und Lage der einzelnen Räume) über den Kauf einer Waffe (Typ und Preis) bis zur Aufnahme einer Liebesbeziehung (das Rendezvous, die Verlobung und so weiter.).

Das Wissen, das die Japaner durch ihre eigenen Traditionen erworben hatten, wurde mit der frühen chinesischen Philosophie kombiniert und mündete in die zentrale Auffassung, daß die Natur einem grundlegenden Rhythmus unterliegt, dem alle Substanzen und Phänomene sowie die Aktivitäten von Menschen und Tieren unterliegen. Der Wechsel der Jahreszeiten, regelmäßiger Regen- und Schneefall, selbst die Häufigkeit starker Erdbeben überzeugte die Japaner davon, daß Rhythmus ein unabdingbarer Bestandteil der Natur sei, der untersucht, dem jedoch nicht zuwidergehandelt werden sollte. Das Wissen um die Vorgänge in der Natur konnte einem Menschen sehr große Macht verleihen, aber bei dem Versuch, diesem Rhythmus zuwiderzuhandeln, würde er seine Stärke und seine Ressourcen vergeblich erschöpfen.

Diese Entdeckung bestätigte sich immer wieder und wurde mit wunderbaren Worten von Miyamoto Musashi, einem bekannten Samurai des 17. Jahrhunderts, beschrieben. In seinem berühmten Buch über die Kriegskunst, *Das Buch der fünf Ringe,* schrieb Musashi, daß Rhythmus oder zeitliche Abstimmung in allem ist: in den Noh-Dramen, in der Musik, selbst in der militärischen Strategie. Eine der Hauptaufgaben des Kriegers, so Musashi, bestehe darin, zwischen geeigneten und ungeeigneten Rhythmen zu unterscheiden. Nach Musashi können Fertigkeiten in militärischer Strategie nicht als vollkommen gelten ohne das

Wissen um den Rhythmus, der verhindert, daß ein Kämpfer in den Rhythmus des Gegners hineingezogen wird.

Auch der Handel und der Erwerb von Reichtümern folgt einem Rhythmus, und er läßt sich ebenso im Niedergang der Reichen erkennen. Alles unterliegt einem eigenen, besonderen Rhythmus. Es gibt einen Rhythmus bei der Förderung und Verbesserung von Dingen, und sogar die Rückentwicklung folgt einem bestimmten Rhythmus.

Der Einfluß der chinesischen Astrologie blieb bis zum heutigen Tag in Japan erhalten. Obwohl die Japaner in technischer Hinsicht möglicherweise bereits den Schritt ins 21. Jahrhundert gemacht haben, würden viele von ihnen selbst heute noch nicht einmal im Traum daran denken, ein wichtiges Vorhaben wie Heirat, eine Reise, eine Arbeit oder eine politische Karriere zu wagen, ohne ein Buch über Astrologie oder einen Experten in einem ihrer Bereiche hinzuzuziehen. Zu den bekanntesten gehören dabei die Spezialisten für Kyusei. Einer der Teilbereiche von Kyusei ist Kigaku, die richtige Wahl der Schicksale: das Hauptthema dieses Buches.

Was ist Kigaku?

Der Umgang mit unserem Körper und unserer Gesundheit, die Gestaltung unserer Beziehungen zu unseren Mitmenschen und die Einflußnahme auf unser eigenes Glück und Schicksal sind drei wesentliche Punkte, die in den Vordergrund treten, wenn wir unser Augenmerk auf die Zukunft richten.

Krebs, Aids und Streß stellen heute die größte Gefahr für Körper und Seele dar. Wir können jedoch das Wissen von den „neun Sternen" nutzen, um Krankheiten zu vermeiden und unser psychisches Gleichgewicht zu bewahren.

Keiner kann allein leben und arbeiten. Darüber hinaus sollte die Zeit, die wir mit anderen zusammen verbringen, von Harmonie geprägt sein. Haben wir den richtigen Ehe- oder Geschäftspartner gewählt? Verkehren wir mit den richtigen Leuten? Kigaku, eine der Lehren von den „neun Sternen", gibt Antworten auf diese oder andere Fragen zur Beschaffenheit der für uns bestimmten, mit anderen Menschen verknüpften Schicksalen. Denn die himmlische Energie, die wir bei unserer Geburt empfangen, begleitet uns auf allen Ebenen während unseres ganzen Lebens. Dies gilt auch für die Menschen in unserer Umgebung. Daher wird bei der Begegnung mit anderen Menschen der Umstand, ob die dabei aufeinandertreffenden Energien sich vermindern, verstärken oder einander unberührt lassen, in hohem Maße davon bestimmt, wann ein jeder von uns geboren wurde.

Die himmlische Energie ist in neun Bereiche unterteilt, in deren Zentrum sich jeweils ein Stern befindet. Den einzelnen Sternen und Bereichen sind Zahlen zugeordnet, und jeder Zahl wiederum eine Farbe und ein Element. Durch die Bestimmung unserer Zahl, unserer Farbe und unseres Elements sowie des zu unserem Geburtsdatum gehörenden Tieres gewinnen wir Aufschluß über unsere Vergangenheit, Gegenwart und Zukunft. Mit diesen Informationen können wir unsere Beziehungen zu der Umgebung, in der wir leben und arbeiten, genau bestimmen. Wir können außerdem erkennen, auf welche Art und Weise wir die Menschen in unserer Umgebung beeinflussen, und wie diese wiederum Einfluß auf unser Schicksal nehmen. Die Untersuchung der Beziehung zwischen den Schicksalen von zwei Menschen wird als Kigaku bezeichnet.

Es gibt unglückliche Ehen, unglückliche Liebesbeziehungen, zerbrochene Familien und unverträgliche Beziehungen zwischen Arbeitskollegen. Alle diese Probleme können jedoch mit einem Grundwissen von Kigaku vermieden werden. Nach der Lektüre dieses Buches werden Sie in der Lage sein, für sich selbst und für Ihre Freunde zu entscheiden, wer ein geeigneter Partner ist und wer nicht, mit wem zu leben und zu arbeiten sich empfiehlt und zu welchem Zeitpunkt Ihre Kinder geboren werden sollten.

All dies ist leichter zu verstehen, wenn man sich in der Theorie des Biorhythmus auskennt. Wenn Sie zum Beispiel eine Aufgabe vor sich haben, die physische Energie erfordert, und sich die Körperkurve Ihres Biorhythmus im Minusbereich, also unten, befindet, müssen Sie sich wahrscheinlich mehr anstrengen als sonst, und es bereitet Ihnen möglicherweise Probleme, die Aufgabe zu Ende zu führen. Wenn Sie dieselbe Aufgabe noch einmal in Angriff nehmen, wenn sich die Körperkurve Ihres Biorhythmus im Plusbereich, also oben, befindet, geht sie Ihnen ganz leicht von der Hand.

Dasselbe gilt auch für menschliche Beziehungen. Denn unabhängig davon, ob eine Person oder der Partner dieser Person gut oder schlecht ist, gilt: Wenn die beiden Schicksale zueinander passen, ist auch die Liebe, Freundschaft oder Geschäftsbeziehung dieser Personen friedlich und produktiv. Wenn jedoch die Schicksale nicht zueinander passen, kann nichts, weder Liebe noch persönliche Opfer, einen Fehlschlag der Beziehung verhindern.

Um dies zu verstehen, müssen wir die neun Zahlen und die ihnen zugeordneten Farben und Elemente in Kigaku sowie die Tierzeichen des 12-Jahres-Zyklus studieren. Dieses Wissen können wir dann auf unser Leben anwenden und auf diese Weise Einblick in Ereignisse der Gegenwart und der Vergangenheit gewinnen.

Um dies zu vereinfachen, geben wir die japanischen Begriffe für die Zahlen und Farben an, zuvor jedoch erläutern wir die Beziehungen zwischen bestimmten Jahren (das heißt die Beziehungen zwischen unter bestimmten Sternen geborenen Menschen). Wir haben die Tabelle 1 (S. 20 - 21) zusammengestellt, um Ihnen die Arbeit zu erleichtern. Die Tabelle enthält die Zahlen, Elemente, Farben und die japanischen Begriffe für die Zahlen und Farben sowie die Tierzeichen für die einzelnen Jahre. Sie umfaßt einen Zeitraum von 108 Jahren, von 1904 bis 2011, und wird Ihnen helfen, Ihre eigenen Zeichen und die Ihrer Familienangehörigen und Freunde zu bestimmen. Die Tabelle ist außerdem als ewiger Kalender angelegt. Sie können sie nach vorn in die Zukunft oder zurück in die Vergangenheit fortführen und mit ein wenig Mehraufwand die Beziehungen von Menschen bestimmen, die vor langer Zeit gelebt haben.

Die neun senkrechten Spalten stehen für die neun Sterne. Jedem Stern sind drei Zeichen zugeordnet: das erste Zeichen ist eine Zahl, das zweite eine Farbe und das dritte eines der fünf Elemente. Im Japanischen werden die Begriffe für die Zahlen und die Farben kombiniert, weil beide als zusammengehörend betrachtet werden:

1	Weiß	=	Ippaku
2	Schwarz	=	Jikoku
3	Türkis	=	Sanpeki
4	Grün	=	Shiroku
5	Gelb	=	Goo
6	Weiß	=	Roppaku
7	Rot	=	Shichiseki
8	Weiß	=	Happaku
9	Purpurrot	=	Kyushi

Auch die Elemente werden auf Japanisch angegeben, so daß sie international als Begriffe von Kigaku zu erkennen sind.

Den Sternen sind gleichfalls Tierzeichen zugeordnet, jedoch unterscheiden sich diese von Jahr zu Jahr. Die Tabelle gibt das zu jedem Jahr gehörende Tierzeichen an. Wenn Sie das Kigaku einer Person ermitteln möchten, finden Sie das entsprechende Tierzeichen unter dem betreffenden Geburtsjahr. Ganz oben in der Spalte finden Sie Zahl, Farbe und Element, die dem betreffenden Jahr zugeordnet sind. Wenn Sie diese Angaben auf einem Stück Papier notieren, verfügen Sie bereits über die wichtigsten Informationen, die zum Ermitteln eines Kigaku erforderlich sind.

Beachten Sie außerdem, daß bei Kigaku das Jahr nicht am 1. Januar beginnt und am 31. Dezember endet, sondern am 3. Februar beginnt und am 2. Februar des darauffolgenden Jahres endet. Daher müssen Sie, um beispielsweise das Kigaku für eine am 15. Januar 1955 geborene Person zu ermitteln, in der Spalte mit dem Jahr 1954 suchen. Das Kigaku für eine zwischen dem 3. Februar 1955 und dem 2. Februar 1956 geborene Person finden Sie dagegen in der Spalte mit dem Jahr 1955.

Sie werden außerdem feststellen, daß einige Jahre in der Tabelle besonders gekennzeichnet sind. Alle 36 Jahre unterscheidet sich das Jahr des Tigers von anderen Tiger-Jahren. Wenn die Zahl 5, die Farbe Gelb und das Element Erde mit dem Jahr des Tigers zusammenfallen, wird das Jahr als „Goo no tora" bezeichnet, also als Jahr eines besonders aggressiven Tigers. Menschen, die in einem solchen Jahr geboren sind, sind weitaus aggressiver als die in anderen Tiger-Jahren Geborenen. Sie möchten um jeden Preis ihren Willen durchsetzen, und obwohl sie manchmal sehr erfolgreiche Leben führen, sind sie als Partner nicht immer angenehm.

Viele bekannte Persönlichkeiten, Generäle und in vielen Bereichen erfolgreiche Menschen sind im Jahr des „Goo no tora" geboren. In Japan gelten Frauen, die in einem solchen Jahr geboren sind, als für die Ehe nicht geeignet und haben es schwer, einen Ehemann zu finden. Wegen der untergeordneten Rolle, die Frauen auch heute noch in der japanischen Gesellschaft spielen, hält man im Jahr des „Goo no tora" geborene Mädchen für unglücklich. Tatsächlich wurden sie in historischen Zeiten sogar Opfer von Kindestötung. Wenn jedoch der Ehemann mit einem passenden Kigaku geboren ist, kann eine im Jahr des „Goo no tora" geborene Frau eine außergewöhnlich gute Partnerin und Ehefrau sein. Unter den richtigen Umständen kann jeder einen passenden Platz in der Gesellschaft finden.

In der Tabelle 1 sind die Jahre 1906 und 1966 mit dem Vermerk „Hi no e uma" gekennzeichnet. „Hi no e uma" heißt Feuerpferd. Der Legende nach sollen Menschen, die in einem solchen Jahr geboren sind, eine Gefahr für ihre Umgebung darstellen (sie verursachen Brände), und es heißt, daß in einem solchen Jahr geborene Frauen ihre Ehemänner umbringen. „Hi no e uma" kommt alle 60 Jahre vor, und viele Menschen in Asien versuchen, in einem solchen Jahr keine Kinder zu bekommen.

Die neun Sterne *(Tabelle 1)*

2 Schwarz (Jikoku) **Erde** (Dosei)	3 Türkis (Sanpeki) **Holz** (Mokusei)	4 Grün (Shiroku) **Holz** (Mokusei)	5 Gelb (Goo) **Erde** (Dosei)	6 Weiß (Roppaku) **Metall** (Kinsei)
1908 Affe	1907 Schaf	1906 Pferd (Hi no e uma)	1905 Schlange	1904 Drache
1917 Schlange	1916 Drache	1915 Hase	1914 Tiger (Goo no tora)	1913 Büffel
1926 Tiger	1925 Büffel	1924 Ratte	1923 Eber	1922 Hund
1935 Eber	1934 Hund	1933 Hahn	1932 Affe	1931 Schaf
1944 Affe	1943 Schaf	1942 Pferd	1941 Schlange	1940 Drache
1953 Schlange	1952 Drache	1951 Hase	1950 Tiger (Goo no tora)	1949 Büffel
1962 Tiger	1961 Büffel	1960 Ratte	1959 Eber	1958 Hund
1971 Eber	1970 Hund	1969 Hahn	1968 Affe	1967 Schaf
1980 Affe	1979 Schaf	1978 Pferd	1977 Schlange	1976 Drache
1989 Schlange	1988 Drache	1987 Hase	1986 Tiger (Goo no tora)	1985 Büffel
1998 Tiger	1997 Büffel	1996 Ratte	1995 Eber	1994 Hund
2007 Eber	2006 Hund	2005 Hahn	2004 Affe	2003 Schaf

Die neun Sterne *(Tabelle 1)*

7 Rot (Shichiseki) **Metall** (Kinsei)	8 Weiß (Happaku) **Erde** (Dosei)	9 Purpurrot (Kyushi) **Feuer** (Kasei)	1 Weiß (Ippaku) **Wasser** (Suisei)
1912 Ratte	1911 Eber	1910 Hund	1909 Hahn
1921 Hahn	1920 Affe	1919 Schaf	1918 Pferd
1930 Pferd	1929 Schlange	1928 Drache	1927 Hase
1939 Hase	1938 Tiger	1937 Büffel	1936 Ratte
1948 Ratte	1947 Eber	1946 Hund	1945 Hahn
1957 Hahn	1956 Affe	1955 Schaf	1954 Pferd
1966 Pferd (Hi no e uma)	1965 Schlange	1964 Drache	1963 Hase
1975 Hase	1974 Tiger	1973 Büffel	1972 Ratte
1984 Ratte	1983 Eber	1982 Hund	1981 Hahn
1993 Hahn	1992 Affe	1991 Schaf	1990 Pferd
2002 Pferd	2001 Schlange	2000 Drache	1999 Hase
2011 Hase	2010 Tiger	2009 Büffel	2008 Ratte

Um Ihnen den Umgang mit der Tabelle zu erleichtern, nehmen wir die Jahre 1906, 1928, 1957 und 1985 als Beispiel.

Eine 1906 geborene Person ist unter der Zahl 4 und der Farbe Grün (Shiroku), dem Element Holz und im Zeichen des Pferdes geboren. Eine 1928 geborene Person ist unter der Zahl 9 und der Farbe Purpurrot (Kyushi), dem Element Feuer und im Zeichen des Drachen geboren. Eine 1957 geborene Person ist unter der Zahl 7 und der Farbe Rot (Shichiseki), dem Element Metall und im Zeichen des Hahns geboren. Eine 1985 geborene Person ist unter der Zahl 6 und der Farbe Weiß (Roppaku), dem Element Metall und im Zeichen des Büffels geboren.

Wenn Sie erst einmal im Umgang mit der Tabelle geübt sind, haben Sie bereits den ersten und wichtigsten Schritt getan, um Beziehungen zwischen Menschen vorhersagen zu können. Wenn Sie die folgenden Kapitel aufmerksam lesen, in denen weitere Tabellen und Abbildungen als Hilfsmittel verwendet werden, sind Sie bald Experte in der Lehre von Kigaku.

Wir wiederholen nun die Bezeichnungen der zu den Sternen gehörenden Zeichen, dieses Mal jedoch vollständig. Diese Namen lauten:

1	Weiß, Wasser	=	Ippaku Suisei
2	Schwarz, Erde	=	Jikoku Dosei
3	Türkis, Holz	=	Sanpeki Mokusei
4	Grün, Holz	=	Shiroku Mokusei
5	Gelb, Erde	=	Goo Dosei
6	Weiß, Metall	=	Roppaku Kinsei
7	Rot, Metall	=	Shichiseki Kinsei
8	Weiß, Erde	=	Happaku Dosei
9	Purpurrot, Feuer	=	Kyushi Kasei

Damit ist unsere Erläuterung der Tabelle 1 „Die neun Sterne" abgeschlossen. Wir werden als nächstes bestimmen, welche Sterne zueinander passen und welche nicht

Wer paßt zu wem? *(Tabelle 2)*

Geburts-jahr	Günstig für Frauen	Günstig für Männer
1	6, 7 (1, 3, 4)	3, 4, (6, 7, 1)
2	9, (5, 8, 6, 7, 2)	6, 7 (2, 5, 8, 9)
3	1, (9, 4, 3)	9, (1, 4, 3)
4	1, (9, 4, 3)	9, (1, 3, 4)
5	9, (6, 7, 8, 2, 5)	6, 7, (2, 8, 9, 5)
6	2, 5, 8, (1, 7, 6)	1, (2, 5, 8, 7, 6)
7	2, 5, 8, (1, 6, 7)	1, (2, 5, 8, 6, 7)
8	9, (2, 5, 6, 7, 8)	6, 7, (2, 5, 9, 8)
9	3, 4, (2, 5, 8, 9)	2, 5, 8, (3, 4, 9)

und ob unser Schicksal mit dem der Menschen verträglich ist, mit denen wir durch Liebe, Ehe oder andere Bande verbunden sind. Dazu geben wir Ihnen eine weitere Tabelle und eine Abbildung zur Hand. Sie benötigen nur das Geburtsdatum einer Person, um feststellen zu können, ob sie zu Ihnen oder jemand anders paßt.

In der linken Spalte in obenstehender Tabelle stehen die den Geburtsjahren entsprechenden Zahlen, das heißt die den neun Sternen zugeordneten Zeichen. Suchen Sie in Tabelle 1 (S. 20 - 21) ein Geburtsjahr und die dem betreffenden Stern zugeordnete Zahl. Wenn eine Person zum Beispiel 1953 geboren wurde, ist ihr numerisches Zeichen 2. Gehen Sie in der Tabelle zur Zahl 2, und stellen Sie fest, welche numerischen Zeichen (und damit Geburtsjahre) zu dieser Person passen.

Wenn es sich bei der unter der Zahl 2 geborenen Person um eine Frau handelt, finden Sie die numerischen Zeichen der Menschen, die zu ihr passen, im mittleren Teil der Tabelle. Die ersten Zahlen in einer Zeile gelten als ideal für eine Person, deren numerisches Zeichen links steht. Für die Zahl 2 ist dies die Zahl 9. Wenn wir in der Tabelle auf Seite 20/21 nachschlagen, stellen wir fest, daß Männer, die 1910, 1919, 1928, 1937, 1946 und 1955 geboren wurden, ideale Partner für diese Frau sind.

Wenn die betreffende Person der Ansicht ist, daß die Partnerschaft nicht absolut ideal sein muß, kann sie ihr Glück auch mit Menschen versuchen, die in den in Klammern angegebenen Jahren geboren wurden. Im angegebenen Beispiel sind dies die Zahlen 5, 8, 6, 7 und 2.

Wenn es sich bei der Person, deren Kigaku wir ermitteln möchten, um einen Mann handelt, gehen wir analog vor, suchen jedoch in Tabelle 2 nicht in der mittleren, sondern in der rechten Spalte. Auf diese Weise stellen wir fest, daß Frauen, die unter den Zahlen 6 und 7 geboren wurden, ideale Partnerinnen für einen unter der Zahl 2 geborenen Mann, zum Beispiel vom Jahrgang 1953, sind. Das bedeutet, daß Frauen, die 1949, 1958, 1967, 1948, 1957 oder 1966 geboren wurden, ideale Partnerinnen für diesen Mann sind. Auch hier gilt: Wenn er wissen möchte, welche Frauen zwar gut, aber nicht ideal, zu ihm passen, kann er diese in den Jahren für die Zahlen 2, 5, 8 und 9 finden.

Wir erklären später, was unter einer idealen und einer gut passenden Partnerschaft zu verstehen ist. Jetzt sollten Sie wissen, wie Sie mit Hilfe von Tabelle 1 das einem Geburtsjahr zugeordnete numerische Zeichen finden und wie Sie anhand von Tabelle 2 die numerischen Zeichen der Geburtsjahre der Menschen finden, mit denen Sie ein verträgliches Schicksal teilen.

Der Umgang mit den Tabellen ist wirklich ganz einfach. Jeder – gleichgültig, wann er geboren wurde – kann ideale

Partner finden. Ideale numerische Entsprechungen sind auf maximal 3 in jeder Zeile von Tabelle 2 beschränkt, aber da jede Zahl für mehrere Jahre steht, sind die Auswahlmöglichkeiten bei der Partnerwahl trotzdem groß. Wir haben außerdem wertvolle Reserven, auf die wir zurückgreifen können, nämlich die Personen, die zwar nicht unbedingt ideal, aber immerhin gut passen.

Der fördernde Zyklus der Elemente

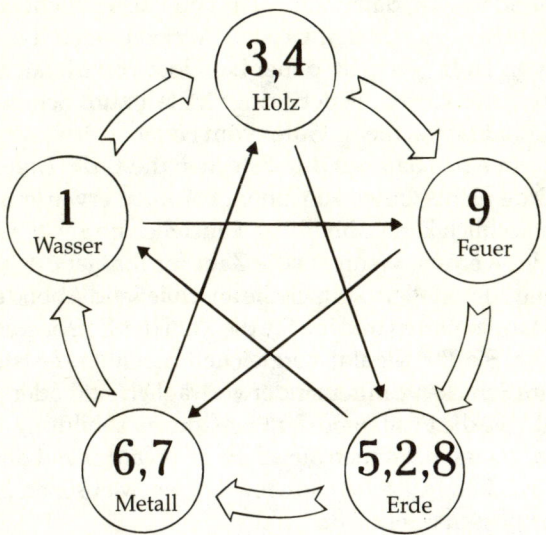

Abbildung 1

Um besser erklären zu können, welche Jahre zueinander passen und welche nicht, verwenden wir die obenstehende Abbildung.

Wenn einem Baum Wasser zugeführt wird, wächst er.

Wasser ist gut für den Baum. Wenn Holz in ein Feuer gelegt wird, brennt das Feuer stärker. Holz ist gut für das Feuer. Wenn etwas verbrennt, wird die Asche der Erde zurückgegeben und reichert sie an. Feuer ist gut für die Erde. Die Erde enthält verschiedene Metalle. Die Erde ist gut für Metalle. Wasser ist nicht schädlich für Metall, es reinigt es. Metall kann für Wasser nur von Nutzen sein. Dies ist die einfachste Erklärung für diese Abbildung, die das Wesentliche von Kigaku, der Lehre von der richtigen Wahl der Schicksale, enthält.

Umgekehrt gilt, daß Wasser zum Löschen von Feuer verwendet wird, daher hat Feuer von Wasser nichts Gutes zu erwarten. Aus Metall werden Werkzeuge zum Schneiden von Holz gemacht, daher hat Holz von Metall nichts Gutes zu erwarten. Feuer bringt Metall zum Schmelzen. Daher hat Metall nichts Gutes vom Feuer zu erwarten. Die Wurzeln eines Baumes durchstechen die Erde. Daher hat die Erde nichts Gutes von einem Baum zu erwarten.

Tatsächlich kann Abbildung 1 anstelle von Tabelle 2 verwendet werden. Wenn Sie die Zahl für Ihr Geburtsjahr in Tabelle 1 feststellen, können Sie anschließend Abbildung 1 zur Hand nehmen und, da Sie die Zahl der Person kennen, mit der Sie Ihr Kigaku vergleichen möchten, feststellen, ob Ihre Schicksale miteinander verträglich sind oder nicht. Sobald Sie die Positionen der Elemente in Abbildung 1 auswendig wissen, können Sie allein schon aufgrund der Elementzeichen feststellen, inwieweit zwei Menschen zueinander passen oder nicht.

Der Kreis mit den Zahlen und Elementen zeigt Kigaku in seiner grundlegendsten Form und ist, wenn er zusammen mit Tabelle 1 verwendet wird, der einfachste Weg, um zu verstehen, was in menschlichen Beziehungen geschieht und warum Menschen sich so zueinander verhalten, wie sie es tun, und nicht anders. Mit Hilfe dieser einfachen Tabellen und Zahlen sind Sie problemlos in der Lage, die

Beziehungen in Ihrer Umgebung besser zu verstehen: warum einige Menschen trotz unterschiedlicher Charaktere und Gewohnheiten und einem unterschiedlichen Bildungs- und Erfahrungshintergrund zueinander passen, während andere, die wie füreinander gemacht zu sein scheinen, Schwierigkeiten haben, miteinander auszukommen.

Abbildung 1 und die Grundprinzipien von Kigaku werden noch klarer im folgenden Kapitel, in dem die richtige Wahl der Schicksale so einfach wie möglich dargestellt wird. Da dies das Wesentliche von Kigaku ist, werden wir versuchen, dies so ausführlich wie möglich darzustellen.

Die richtige Wahl der Schicksale

Um Kigaku oder die richtige Wahl der Schicksale zu verstehen, müssen wir zunächst die Bedeutung des chinesischen Ideogramms verstehen, mit dem dieses Wort im Japanischen geschrieben wird.

Ki ist ein Ideogramm, das mit sechs Pinselstrichen geschrieben wird, und Geist, Energie oder Denken bedeutet. Wörter wie *tenki*, *genki* und *kimochi* enthalten dieses Ideogramm. *Tenki* bedeutet Wetter oder Klima und setzt sich aus dem Ideogramm *ten* (Himmel) und *ki* zusammen. Das Wetter ist der Geist oder die Energie des Himmels. *Genki* bedeutet gute Stimmung oder gute Gesundheit und wird mit dem Ideogramm *gen* zusammengesetzt, das Ursprung bedeutet. Der Ursprung des Geistes ist gut – sowohl in physischer als auch in psychologischer Hinsicht. *Kimochi* bedeutet Gefühl und setzt sich aus dem Ideogramm *ki* und dem Verb *motsu (mochi)* zusammen, das tragen oder besitzen bedeutet. Die Art und Weise, wie wir unseren Geist tragen, bestimmt unsere Gefühle.

Wenn das Ideogramm *gaku*, das mit 8 Pinselstrichen geschrieben wird und Wissenschaft oder Studium bedeutet, mit *ki* kombiniert wird, erhalten wir Kigaku: das Studium des Geistes, das Studium der Energie und das Studium des Denkens. Dabei ist *ki* die Energie, die wir bei der Geburt empfangen und uns bis zum Tod begleitet. Es ist die Energie, die mit dem kosmischen Rhythmus in Einklang steht und unser ganzes Leben bestimmt. Die Energie, die wir bei Geburt empfangen, ist tatsächlich unser Schicksal.

Die Art der Energie, die wir von den Sternen empfangen, hat einen bestimmten Charakter, der durch die fünf Elemente symbolisiert wird. Wenn die Energien von zwei Menschen, die unter verschiedenen Sternen geboren wurden, harmonieren, teilen diese Menschen ein günstiges Schicksal miteinander. Auch wenn vielleicht ihre Persönlichkeiten und Gewohnheiten voneinander abweichen, stehen sie einander in schweren Zeiten bei, und wenn einer von beiden glücklich ist, kann diese Person das Glück voll und ganz mit dem Partner teilen.

Dies gilt als ideales Kigaku. Wie wir jedoch sehen werden, gibt es auch noch andere Arten von Kigaku: gute, weniger gute und sogar ungünstige. In manchen Fällen führt eine Partnerschaft von zwei Menschen, deren Energien nicht harmonieren, beide ins Unglück. Ohne es zu wollen, behindern sie ihre gegenseitige Entwicklung und nehmen sich alle Aussichten auf eine bessere Zukunft.

Keine noch so große Anstrengung kann die Beschaffenheit und die Stärke der Energie, die wir bei der Geburt empfangen, ändern. Diese Energie kann lediglich positiv verstärkt werden durch Harmonisierung mit der Energie von Menschen, die mit unserem Schicksal verträglich sind. Eine alte serbische Sage mit dem Titel „Die Schicksalsgöttin" veranschaulicht diese grundlegende Wahrheit.

Diese Sage erzählt von einem ehrlichen, hart arbeitenden Mann, der sich vergeblich abmühte und kein Glück finden konnte. Eines Tages erfuhr er, daß die Schicksalsgöttin, die die Geschicke der Sterblichen lenkt, an einem weit entfernten Ort lebt. Er machte sich auf die lange Reise und kam schließlich zum Heim der Schicksalsgöttin, einer armseligen, halb verfallenen Hütte. Die Schicksalsgöttin bot ihm Unterkunft für die Nacht an, aber zu essen gab es nichts als Wasser und altes Brot. Als er jedoch am nächsten Morgen erwachte, stellte er fest, daß die Hütte wohn-

licher und gemütlicher war als am Abend zuvor und daß seine Gastgeberin ihm ein kräftigeres Mahl auftischen konnte. Von Tag zu Tag wurde das Heim der Schicksalsgöttin wohnlicher und luxuriöser, bis es sich eines Tages in einen Palast verwandelt hatte. Am darauffolgenden Tag jedoch stand an der Stelle, an der der Palast gewesen war, nur noch ein Schuppen.

Daraufhin erklärte die Schicksalsgöttin dem Mann, daß jede Person bei ihrer Geburt nur so viel Glück und Reichtum zugeteilt bekomme, wie sie, die Schicksalsgöttin, selbst an diesem Tag besitze. Der Mann war an einem Tag geboren worden, als sie in einer Hütte lebte, und aus diesem Grund würde er, wie viel er auch arbeitete und sich abmühte, durch seine Mühe niemals zu Wohlstand kommen. Sie gab ihm den Rat, seine Bekannte Milica zur Frau zu nehmen, die an einem der Tage geboren wurde, als die Schicksalsgöttin in einem Palast wohnte, und siehe da – das Leben dieses Mannes wendete sich zum Besseren.

Um die vorhergehenden Tabellen und Abbildungen besser zu verstehen, befassen wir uns nun mit den Kombinationsmöglichkeiten von Schicksalen.

Ideale Kombinationen

Wenn die Geburtszeichen von zwei Menschen sich problemlos kombinieren lassen und eine Partnerschaft beide Schicksale reicher macht, wird dies als „ideales" Kigaku bezeichnet. In Tabelle 2 geben die Zahlen vor der Klammer die Geburtsjahre an, die ideal zu der Person passen, deren numerisches Zeichen in der linken Spalte steht.

Wenn beispielsweise ein Mann, der in einem mit der Zahl 1 gekennzeichneten Jahr geboren wurde, eine Partnerschaft mit einer Frau eingeht, deren Geburtsjahr die Zahlen 3 oder 4 zugeordnet sind, ist dies eine ideale Kombination.

Andere ideale Kombinationen in dieser Tabelle sind die zwischen einem Mann, dessen Geburtsjahr die Zahl 3 oder 4 zugeordnet ist, und einer Frau, die unter der Zahl 9 geboren wurde; zwischen einem Mann, der unter der Zahl 9 geboren wurde, und einer Frau, die unter den Zahlen 5, 2 oder 8 geboren wurde; zwischen einem Mann, der unter den Zahlen 5, 2 oder 8 geboren wurde, und einer Frau, die unter der Zahl 6 oder 7 geboren wurde; und schließlich zwischen einem Mann, der unter der Zahl 6 oder 7 geboren wurde, und einer Frau, die unter der Zahl 1 geboren wurde. Diese Kombinationen lassen sich leichter anhand von Abbildung 1 erkennen.

In den patriarchalischen Gesellschaften Chinas und Japans herrschte die Überzeugung, daß ein Mann am richtigen Platz auch alle Mitglieder seiner Familie glücklich machen wird. Der Ehemann oder Vater wurde als Säule der Familie betrachtet. Deshalb gilt auch heute noch eine Beziehung als ideal, wenn wie in Abbildung 1 dargestellt, der große Pfeil von dem Kreis, der die Zahl und das Element des Mannes enthält, auf den Kreis zeigt, der die Zahl und das Element der Frau enthält. Da das Gute vom Mann zur Frau fließt, bringt er ihr und ihrer Familie sowie deren Umgebung das Glück. Dies wird als ideale Kombination betrachtet.

Diese Erklärung darf nicht zu wörtlich genommen werden, und Männer sollten sich nicht selbstgefällig zurücklehnen und denken, nur sie allein könnten ihre Familien glücklich machen. In einer idealen Kombination arbeiten die von Mann und Frau bei der Geburt empfangenen Energien zusammen, um die günstigste Wirkung zu erreichen. Ohne die Energie der Frau würde sich das Glück beider Partner niemals verstärken oder vervielfachen.

Obwohl es also heißt, daß der Mann die Frau glücklich macht, sollten Männer nicht vergessen, daß ohne die richtige Frau auch ihr eigenes Glück vermindert wird oder sie sogar ganz verlassen kann.

Zwei Menschen, die in einer idealen Partnerschaft vereint sind, verfügen über eine Fülle von Lebensenergie. Das Glück ist ihnen selbst dann noch gesonnen, wenn sie es am wenigsten erwarten, und ihre Fähigkeiten und Talente kommen in allen Lebensbereichen zum Tragen.

Der Begriff „ideale Kombination" in Kigaku bedeutet nicht eine oberflächlich passende Kombination von Persönlichkeiten, Interessen oder gar sexuellen Gewohnheiten. Dies alles ergibt sich später aus der richtigen Wahl der Schicksale. Manchmal haben zwei Menschen, die ideal zueinander passen, unterschiedliche Charaktere, Interessen und Erfahrungen, aber sie bringen einander dennoch Glück. Obwohl sie auf den ersten Blick kein ideales Paar zu sein scheinen, verfügen sie über eine Fülle von Glück und kommen problemlos miteinander aus. Menschen, die ihre Ehe auf eine solche ideale Kombination gründen, können dauerhaften Wohlstand und Freude erwarten.

Wenn es darüber hinaus geschehen oder bestimmt sein sollte, daß auch ihre Kinder vollkommen verträgliche Schicksale haben, sowohl in bezug auf die Eltern als auch untereinander, kann die ganze Familie mit Sicherheit auf ein sehr glückliches Leben zählen.

Sehr gute Kombinationen

Wenn zwei Menschen sich begegnen und ihr gemeinsames Schicksal verbessern, jedoch auf weniger vollkommene Art und Weise als bei einer idealen Kombination, wird dies als „sehr gutes" Kigaku bezeichnet. Bei einer Kombination dieser Art können die Partner auf ein beständiges, gutes Leben und ein positives Schicksal zählen. Obwohl sie in ihrem Leben keine spektakulären Triumphe oder außergewöhnlichen Wohlstand erwarten können, werden sie dennoch ein sehr glückliches Paar.

Wenn Sie die „sehr guten" Kombinationen in Tabelle 2 betrachten und anschließend Abbildung 1 zur Hand nehmen, werden Sie feststellen, daß bei diesen Kombinationen der große Pfeil grundsätzlich von der Zahl der Frau auf die Zahl des Mannes zeigt.

Mit anderen Worten, wenn die Frau in einem durch die Zahl 1 gekennzeichneten Jahr geboren wurde und der Mann in einem Jahr mit der Zahl 3 oder 4, gilt ihre Partnerschaft als „sehr gute" (oder recht gute) Kombination. Analog dazu sind andere „sehr gute" Kombinationen die zwischen einer Frau, die in einem Jahr mit der Zahl 3 oder 4 geboren wurde, und einem Partner, der in einem durch die Zahl 9 gekennzeichneten Jahr geboren wurde; zwischen einer Frau, die in einem Jahr mit der Zahl 9 geboren wurde, und einem Mann, der in einem Jahr mit den Zahlen 5, 2 oder 8 geboren wurde; zwischen einer Frau, deren Geburtsjahr durch die Zahlen 5, 2 oder 8 gekennzeichnet ist, und einem unter den Zahlen 6 oder 7 geborenen Partner; und zwischen einer Frau, die in einem Jahr mit den Zahlen 6 oder 7 geboren wurde, und einem Partner, der in einem durch die Zahl 1 gekennzeichneten Jahr geboren wurde.

Es hat den Anschein, als würde das von einer Frau ausgehende Glück als geringer geachtet als das von einem Mann ausgehende. Dies spiegelt den Umstand wider, daß Kigaku in einer patriarchalischen Gesellschaft entstanden ist. Aber wie dem auch sei, es sollte nicht vergessen werden, daß das Glück in einer Partnerschaft immer ein gemeinsames Anliegen ist, und daß weder der Mann noch die Frau die größere Rolle beim Streben nach einem glücklichen gemeinsamen Schicksal spielt.

Die Regeln für ideale Kombinationen gelten auch für andere Kategorien von Kigaku. Partner in „sehr guten" Beziehungen brauchen in bezug auf Charakter, Interessen,

Geschmack, Erfahrungen oder gar sexuelle Gewohnheiten nicht übereinzustimmen. Wenn ihre Geburtsjahre zueinander passen, werden sie in der Lage sein, zusammen ein harmonisches Leben zu führen und eine harmonische Zukunft aufzubauen.

Gute Kombinationen

Wenn ein Mann und eine Frau in Jahren mit dem gleichen numerischen Zeichen geboren sind oder wenn sich ihre Zahlen in Abbildung 1 im selben Kreis befinden, wird dies als „gutes" Kigaku bezeichnet. Dies ist weder eine „ideale" noch eine „sehr gute" Kombination, aber es ist mit Sicherheit eine positive. Menschen, die das Glück haben, sich in einer „guten" Kombination zu befinden, können mit einem erfreulichen gemeinsamen Schicksal rechnen. Man darf dabei nicht vergessen, daß es auch wirklich negative Kombinationen gibt, die niemandem zu wünschen sind.

Wenn von einem Mann und einer Frau der eine Partner unter der Zahl 3 und der andere unter der Zahl 4 geboren wurde, gilt diese Kombination als „gutes" Kigaku, unabhängig davon, wer unter welcher Zahl geboren wurde. Analog gilt, daß wenn ein Mann und eine Frau beide in den durch 5, 2 oder 8 gekennzeichneten Jahren geboren wurden, dies ebenfalls als „gutes" Kigaku gilt. Die jeweiligen Geburtsjahre sind weniger wichtig als die Tatsache, daß das numerische Zeichen der beiden Partner einer dieser drei Zahlen entspricht. Eine weitere „gute" Kigaku-Kombination ergibt sich, wenn beide Partner unter dem gleichen numerischen Zeichen geboren wurden. Das bedeutet normalerweise, daß beide im gleichen Jahr geboren sind, aber wir finden diese Kombination auch bei Menschen, deren Alter sich um ein Vielfaches von neun unterscheidet.

Partner mit einem „guten" Kigaku können mit einem harmonischen und glücklichen Leben rechnen. Wenn sie Liebe und Verständnis finden und Interessen und Erfahrungen teilen, kann diese Kombination wirklich gut sein und ein erfreuliches gemeinsames Schicksal garantieren. Der Nachteil von „guten" Kombinationen im Vergleich zu den vorhergehenden besteht jedoch darin, daß die Partner das haben, was als „parallele" Schicksale bezeichnet wird. Das bedeutet: Wenn ein Partner persönliches Glück erlebt, kann er es mit dem anderen nicht teilen. Das Glück kann nicht von einem Partner zum anderen vermittelt werden, fast so, als wäre die Verbindung zwischen beiden auf irgendeine Art und Weise unterbrochen.

Analog gilt: Wenn ein Partner mit großen Problemen oder schwerem Leiden konfrontiert ist, kann er nicht darauf bauen, daß ihm die Lebensenergie seines Partners zu Hilfe kommt. Beim „idealen" oder „sehr guten" Kigaku unterstützen sich Partner gegenseitig in schweren Zeiten und teilen auch Glück und Freude miteinander. Dies ist nicht der Fall bei „guten" Kombinationen, und das trennt diese vom vollkommenen Glück. Trotzdem sind diese Kombinationen mit Sicherheit positiv, und die betroffenen Partner dürften eigentlich keinen Grund zur Klage haben.

In Anbetracht der Tatsache, wie viele Paare eine Partnerschaft eingehen, ohne etwas von Kigaku zu wissen, können sich die in einer der drei positiven Kombinationen wirklich glücklich schätzen.

Ungünstige Kombinationen

Früher gab es zahlreiche Definitionen für ungünstige Kigaku-Kombinationen, die jedoch inzwischen auf eine einzige reduziert wurden: eine Kombination, die nicht unter die bereits erwähnten „idealen", „sehr guten" und „guten" Kombinationen fällt, verheißt für die Partner oder deren Beziehung kein günstiges Schicksal. Tatsächlich sollte nach der Lehre von Kigaku eine solche Beziehung gelöst werden, falls dies möglich ist.

Abbildung 1 enthält schmale Pfeile, die quer durch die Zeichnung gehen und nicht benachbarte Kreise miteinander verbinden. Jedoch verbinden diese Pfeile nicht, sondern sie trennen, da sie ungünstige Kigaku-Kombinationen kennzeichnen.

Wenn ein Partner in einem Jahr mit der Zahl 1 geboren wurde, und der andere in einem Jahr mit der Zahl 9, so ist dies eine ungünstige Kombination. Der Pfeil zeigt von der 1 auf die 9 und gibt dadurch die Richtung an, in der die negative Energie fließt. Obwohl jedoch in diesem Fall das Unglück von der unter der Zahl 1 geborenen Person herrührt, ist es letzten Endes die Verbindung selbst, die ungünstig ist, und die Richtung, aus der die negative Energie fließt, ist irrelevant. Denn wenn die Person, die Ursache des Unglücks bei diesem ungünstigen Kigaku ist, eine Beziehung zu einem anderen Partner eingegangen wäre, hätte sich leicht eine ideale Kombination ergeben können.

Andere ungünstige Kombinationen ergeben sich zwischen Menschen, die in Jahren mit den Zahlen 6 oder 7 geboren wurden, und Menschen, die in Jahren mit den Zahlen 3, 4 oder 9 geboren wurden. Jahre, die durch die Zahlen 3, 4 oder 1 gekennzeichnet sind, sind ebenfalls ungünstig, wenn sie mit einer 5, 2 oder 8 kombiniert werden.

Trotz aller Fähigkeiten, Talente und Bemühungen, die sie in ihr Leben und ihre Arbeit investieren, sind Partner in ungünstigen Kombinationen nicht mit einer erfreulichen Zukunft gesegnet. Viele Triumphe verwandeln sich in Fehlschläge, Anstrengungen werden vergeblich gemacht, und alles Bemühen führt zu nichts. Selbst wenn sie ähnliche Persönlichkeiten haben, die gleichen Interessen und einander zugetan sind, wird all dies dennoch zu nichts führen, wenn sie sich in einem ungünstigen Kigaku befinden.

Lösungen für ungünstige Kombinationen

Obwohl Kigaku ursprünglich dazu verwendet wurde, Ehen zu arrangieren, kann damit auch festgestellt werden, ob Eltern und Kinder, Mitglieder derselben Familie, Schulkameraden und Arbeitskollegen zueinander passen. Auch bei der Beantwortung dieser Fragen hilft Ihnen Abbildung 1. Beachten Sie dabei, daß in vielen Beziehungen, zum Beispiel zwischen einem Elternteil und einem Kind, das Geschlecht der Partner keine Rolle spielt.

Die Energie, die Kinder bei der Geburt empfangen, entwickelt sich langsam und wird allmählich stärker, und ihre Beziehungen zu Erwachsenen sind nicht vollkommen festgelegt, bis sie selbst erwachsen sind. Die volle Lebensenergie stellt sich bei der Reife ein, und erst zu diesem Zeitpunkt kommen die durch Kigaku definierten Beziehungen voll zum Tragen. Wenn daher eine Eltern-Kind-Beziehung ungünstig ist, besteht kein Grund zur Sorge, bis das Kind erwachsen ist.

Dennoch müssen Vorbereitungen für die Zeit getroffen werden, wenn das Kind erwachsen ist, denn dann kommen die ungünstigen Aspekte der Beziehung zum Tragen, und es müssen Maßnahmen getroffen werden, um die Macht des Schicksals zu mäßigen. Bei Erwachsenen ist es extrem schwierig, den Lauf des Schicksals zu ändern. Aus diesem Grund sollten wir keine gemeinsamen Projekte mit Menschen planen, mit denen unser Schicksal nicht verträglich ist. Jedoch muß bei Kindern oder selbst bei erwachsenen Familienmitgliedern alles getan werden, was möglich ist, um diese Beziehungen zu regulieren, negative Konsequenzen zu vermeiden und Konflikte zwischen einander widerstrebenden Tendenzen abzuschwächen.

Im folgenden untersuchen wir einige Möglichkeiten, wie die Auswirkungen einer ungünstigen Kombination umgangen werden können.

Als erstes Beispiel nehmen wir die Situation eines Paares mit nur einem Kind, dessen Schicksal mit einem der beiden Elternteile nicht verträglich ist. Wenn Sie nach der Lektüre dieses Buches feststellen, daß es solche Beziehungen in ihrer Familie gibt, müssen Sie unverzüglich entsprechende Maßnahmen ergreifen, um den Lauf des Schicksals zu mäßigen. So sehr auch beide Eltern das Kind lieben, der Elternteil mit dem ungünstigen Kigaku sollte die meisten Aufgaben, wie die Erziehung des Kindes und wichtige Entscheidungen für dessen Entwicklung, dem Elternteil überlassen, mit dem das Kind in einer positiven Beziehung steht.

Wenn der Elternteil, dessen Kigaku mit dem Kind nicht verträglich ist, die Warnzeichen einfach ignoriert und die ungünstige Beziehung lediglich Entwicklungsproblemen zuschreibt, wird sich die Situation zwangsläufig weiter verschlechtern. Es ist daher besser, alles dem anderen Elternteil zu überlassen und diesen als Brücke zu dem Kind zu sehen. Dann wird sich das Kind nicht mehr unter Druck fühlen, und die Atmosphäre im Haus müßte sich erheblich verbessern.

Nehmen wir ein anderes Beispiel, in dem nach der Lehre von Kigaku das Schicksal beider Elternteile nicht mit dem Schicksal des Kindes verträglich ist. Diese Situation ist sehr schwierig, da trotz der Liebe der Eltern zu ihrem Kind alle drei Familienmitglieder mit der Zeit die Auswirkungen dieser ungünstigen Beziehung zu spüren bekommen werden. Wenn dies geschieht, sollte das Kigaku des Kindes in Kombination mit nahen Verwandten der Familie – Großmutter, Großvater, Onkeln oder Tanten – untersucht werden, die eventuell zu dem Kind in einer positiven Beziehung stehen.

Wenn das Schicksal einer dieser Personen mit dem des Kindes verträglich ist, sollte diese Person in die Familie aufgenommen werden, vorausgesetzt, dies ist möglich, um als eine Art Puffer zwischen Eltern und Kind zu fungieren. Die Macht des Schicksals wird dadurch etwas abgemildert, und der gute Einfluß des neuen Familienmitgliedes wird sich positiv auswirken. Das Kind wird natürlich eine engere Beziehung zu dem Familienzuwachs aufbauen, aber wenn die Eltern eine gute Beziehung zu einander bewahren und keinen Neid entwickeln, wird die Familie harmonisch und glücklich.

Es ist auch durchaus möglich, daß es in der Familie keine Person gibt, deren Schicksal mit dem Schicksal des Kindes verträglich ist, oder daß es einfach nicht möglich ist, einen weiteren Erwachsenen in die Familie aufzunehmen. In diesem Fall empfiehlt es sich, anhand der Tabelle und der Abbildungen ein geeignetes Jahr für die Zeugung eines weiteren Kindes zu finden, dessen Schicksal mit allen drei Familienmitgliedern verträglich ist.

Wenn beispielsweise die Eltern in Jahren mit den Zahlen 3 oder 4 geboren sind und das Kind in einem Jahr mit den Zahlen 5, 2 oder 8, sollte das zweite Kind in einem Jahr mit der Zahl 9 geboren werden. Die Situation in der Familie wird sich dann stabilisieren, da der Familienzuwachs ein idealer Puffer zwischen dem ersten Kind und den Eltern sein müßte. Natürlich muß sorgfältig darauf geachtet werden, das Erstgeborene gegenüber dem Zweitgeborenen nicht zu vernachlässigen, das ja mit beiden Elternteilen in einer besseren Beziehung steht.

Nehmen wir eine dritte Situation, in der ein Elternteil ein „gutes" Kigaku mit dem Kind insofern hat, als ihre numerischen Zeichen identisch sind oder sich in Abbildung 1 im selben Kreis befinden, der zweite Elternteil sich jedoch in einer ungünstigen Beziehung zum ersten Elternteil und zum Kind befindet. Die Familie kann bei der Planung des zweiten Kindes wie bereits beschrieben vorgehen. Wenn beispielsweise ein Elternteil unter der Zahl 3 geboren ist, der andere Elternteil unter der Zahl 5 und das erste Kind unter der Zahl 8, sollte die Familie so planen, daß das zweite Kind unter der Zahl 9 geboren wird. Auf diese Weise wird die ganze Familie in einem gemeinsamen Schicksal vereint, und die Beziehungen werden ausgewogener.

Auf jeden Fall gilt jedoch, daß bei einer ungünstigen Kombination zwischen nahen Verwandten ein Weg gefunden werden muß, um die Beziehung zu verbessern, indem sie durch das Hinzufügen eines weiteren Bindegliedes gestärkt wird. In Abbildung 1 ist eine Person in dem Kreis zwischen zwei nicht zueinander passenden Menschen mit beiden verträglich. Das bedeutet, daß diese Person eine Brücke zwischen zwei Schicksalen bilden kann, die normalerweise in keinem günstigen Verhältnis zueinander stehen.

Natürlich wäre es ideal, wenn die Beziehungen zwischen allen Familienmitgliedern positiv wären. Dann gäbe es keinen Anlaß zur Sorge. Ab jetzt wird es Ihnen jedoch mit Hilfe von Kigaku viel leichter fallen, die richtigen Partner zu finden, mit denen Sie leben, arbeiten, reisen und kooperieren können. Wenn die Schicksale von zwei Partnern harmonieren, können beide Partner Hindernisse leichter überwinden. Sie werden dabei durch die bei ihrer Geburt empfangene Energie unterstützt, die sich mit der Energie des Partners verbindet. Alles scheint einfach so zu sein, als ob diese Menschen bei ihren Unternehmungen von einem unsichtbaren Helfer geleitet würden.

Wenn sich dagegen zwei Menschen in einer ungünstigen Kombination befinden, tritt genau das Gegenteil ein. Jedes Vorhaben ist mit Schwierigkeiten verbunden. Selbst die einfachsten Aufgaben sind schwierig und kompliziert, und es ist, als wären diese Menschen von heimlichen Feinden umgeben, die ihren Fortschritt behindern. So wirken Energien, die nicht miteinander verträglich sind. Die Partner scheinen eine ausschließlich negative Wirkung aufeinander zu haben, und anstatt sich zu verstärken, wird ihre Energie immer kleiner.

Kigaku ist eine alte Lehre, die dazu beitragen kann, daß unser Weg durch das Leben leichter wird, daß wir möglichst viel aus unserem Leben machen können und daß wir das für uns bestimmte Maß an Glück erreichen.

Dabei ist folgendes zu beachten: Kigaku lehrt, daß es keine schlechten Menschen gibt, sondern nur ungünstige Entscheidungen im Leben. Niemand kann sich seine Eltern aussuchen, aber Eltern können bestimmen, wann ihre Kinder geboren werden sollen. Viele Menschen heiraten jedoch blind, bekommen Kinder und schaffen unwissentlich alle möglichen Schwierigkeiten, Unglück und Disharmonie.

Denken Sie an Ihre Familie, Ihre Freunde, Bekannten und Verwandten. Schreiben Sie auf, was Sie über deren Beziehungen denken, und prüfen Sie das Ergebnis anhand der Tabellen und Abbildungen in diesem Buch nach. Sie werden feststellen, daß Ihre Meinungen in hohem Maße mit den Meinungen in diesem Buch übereinstimmen. Wir alle nehmen ohne Anstrengung wahr, wie sich die Menschen in unserer Umgebung zueinander verhalten: wir spüren die Harmonie, die Spannungen, ja sogar den Haß. Menschliche Beziehungen sind tatsächlich sehr einfach.

Beziehungen zwischen Personen gleichen Geschlechtes

Obwohl Kigaku ursprünglich dazu verwendet wurde, die Beziehungen zwischen Personen verschiedenen Geschlechtes zu bestimmen, entdeckte man später, daß das System auch für Personen gleichen Geschlechtes gilt. Wir verwenden dazu Abbildung 1. Wie bei Beziehungen zwischen Männern und Frauen bestehen zwischen Personen gleichen Geschlechtes sehr gute Beziehungen, wenn deren numerische Zeichen in einander benachbarten Kreisen stehen. Dabei spielt es keine Rolle, wer zu welchem Kreis gehört.

Kombinationen von Personen, deren Zahlen sich in einander nicht benachbarten Kreisen befinden, sind dagegen ungünstig. Obwohl es Lösungen für diese ungünstigen Kombinationen gibt, sollten Sie es generell vermeiden, mit Personen, mit denen Sie ein ungünstiges Kigaku teilen, Geschäftsbeziehungen einzugehen, zu reisen oder sich ihnen anzuschließen.

Sie haben jetzt ein gewisses Verständnis der allgemeinen Theorie von Kigaku erworben, und wir werden nun in den folgenden Kapiteln ausführlicher auf die Bedeutung der einzelnen Geburtszeichen eingehen.

Die Eigenschaften der Sterne

1 – Weiß – Wasser

(Ippaku Suisei)

Dieser Stern ist ein Wasserzeichen. Bambus und andere Pflanzen brauchen Wasser, um zu wachsen und zu gedeihen. Wasser fließt sanft, aber mit Stärke. Menschen, die unter diesem Stern geboren sind, sind heiter, aber energisch. So wie das Wasser mit Leichtigkeit seine Richtung ändert, so anpassungsfähig sind auch diese Menschen. Sie sind flexibel, und genauso wie Wasser in den kleinsten Spalt eindringen kann, fällt es ihnen leicht, zu kommunizieren.

Sie sind freundlich und gesellig und verbergen ihren Kummer vor anderen. Häufig sind diese Menschen nicht sehr glücklich, bevor sie nicht das Alter von 35 erreicht und die Probleme der Jugend hinter sich gelassen haben. Ihre Anpassungsfähigkeit hilft ihnen, Schicksalprüfungen geduldig zu ertragen und auf die harmonischeren und friedlicheren Zeiten zu warten, die nach dem mittleren Alter auf sie warten.

Selbst wenn sie in ihrer Jugend talentiert und begabt sind, finden sie in der Regel keine Anerkennung. Jedoch genauso wie ein Fluß anschwillt, breiter wird und schließlich in ein großes Meer fließt, finden auch diese Menschen mit zunehmender Reife Anerkennung und Glück.

Menschen, die unter diesem Stern geboren sind, verbringen ihre Jugend häufig damit, die Probleme anderer Familienmitglieder zu lösen. Während dieser Zeit sehnen sie sich nach Freiheit und Zeit, um ihre eigenen Interessen zu verfolgen, aber die immer wieder neu auftretenden Familienprobleme lassen ihnen wenig Spielraum dafür. Wenn sie geduldig sind, werden sie im mittleren Alter dafür belohnt. Ihre positiven Züge machen sie allgemein beliebt.

2 – Schwarz – Erde

(Jikoku Dosei)

Dieser Stern ist ein Erdzeichen. Genauso wie die Erde die Strahlen der Sonne aufnimmt und wie eine Mutter Früchte trägt, verkörpert dieser Stern den mütterlichen Instinkt. Menschen, die in diesem Zeichen geboren sind, haben Weitblick und können gut organisieren. Sie sind ruhig und drängen sich nicht auf. Sie können schwere Lasten tragen. Sie bahnen sich langsam, aber stetig ihren Weg durch das Leben.

Wie die Erde eine Fülle von Gaben vom Himmel empfängt, empfangen Menschen, die in diesem Zeichen geboren sind, viel von den Menschen in ihrer Umgebung und haben die Fähigkeit, das Erhaltene zu verstärken und zu vermehren. Obwohl sie nicht unbedingt über Nacht Erfolg haben werden, trägt ihre Geduld nach einer bestimmten Zeit Früchte, und Zeichen der Erfüllung werden sichtbar.

Der Lebensweg dieser Menschen führt kontinuierlich weiter nach oben und mündet schließlich in ein gutes Schicksal. Sie können die höchsten Gipfel nicht allein erreichen, sondern werden von anderen dabei unterstützt. Sie sind als Assistenten von Führungspersönlichkeiten oder in Führungsteams in ihrem Element.

Da sie nicht aufdringlich sind, wird ihnen Vertrauen entgegengebracht, und jeder unterstützt sie in ihrem Weiterkommen. Ein harmonisches Leben erwartet sie ab dem Alter von 45.

Leider können sie sich häufig nicht durchsetzen und neigen dazu, andere zu imitieren. Im Extremfall kann die übergroße Abhängigkeit von anderen ihre Aussichten auf Erfolg zunichte machen.

3 – Türkis – Holz

(Sanpeki Mokusei)

Dieser Stern ist ein Holzzeichen. Menschen, die unter diesem Stern geboren sind, haben die Vitalität eines jungen Baumes, dessen Wurzeln fest in der Erde verankert sind und dessen Äste sich dem Himmel entgegenstrecken.

Menschen, die unter diesem Stern geboren sind, übernehmen gern neue Aufgaben und Projekte. Sie sind aggressiv, lebhaft, voller Vitalität und gewinnen früh Bewunderung und Anerkennung. Es fällt ihnen leicht, bereits in jungen Jahren eine hohe Position zu erreichen.

Manchmal kann ihr stark ausgeprägtes Selbstvertrauen hinderlich für sie sein, und ihr Wunsch, sich auszuzeichnen, ruft Neid hervor. Sie neigen dazu, Entscheidungen ohne Rücksprache mit anderen zu treffen, und können dadurch zur Zielscheibe von Kritik werden.

Sie verfügen jedoch über innere Stärke und werden sehr glücklich. Viele von ihnen sind noch vor dem Alter von dreißig sehr erfolgreich. Das mittlere Alter ist für sie eine Zeit der Stagnation, und sie kommen nicht mehr mit dem gleichen Tempo voran wie in ihrer Jugend. Dies kann zu Unzufriedenheit führen, so daß sie sich auf diese Zeit vorbereiten sollten.

Trotz alledem sind sie glücklicher als andere. Sie sollten ihre beruflichen Ziele bis zum Alter von 45 erreicht haben, dann entspannen und ein sorgloses Leben führen. In späteren Jahren bringen ihre Anstrengungen keine Früchte mehr.

4 – Grün – Holz

(Shiroku Mokusei)

Auch dieser Stern ist ein Holzzeichen. Hier ist jedoch der Baum nicht mehr jung, sondern stark und ausgewachsen.

Menschen, die in diesem Zeichen geboren sind, haben die Frische einer Brise, die durch die Zweige eines großen Baumes weht. Sie sind offen, gelassen und bei den meisten Menschen in ihrer Umgebung beliebt. Sie übertragen ihre heitere Gelassenheit und ihre Freundlichkeit auf andere, und es wird ihnen allgemein Vertrauen entgegengebracht. Das Glück kommt früh zu ihnen. Sie verfügen über unwiderstehlichen Charme, eine sehr große Anpassungsfähigkeit, und sie sind außerdem außergewöhnlich gute Arbeitskollegen und loyale Freunde. Sie achten darauf, die Gefühle anderer nicht zu verletzten und verstehen es, Harmonie zu schaffen.

Obwohl sie offen wirken, neigen sie dazu, ihre Gefühle zu verbergen, um andere nicht zu belasten. Sie sind immer hilfsbereit. Manchmal sind sie zu naiv und lassen sich leicht von anderen beeinflussen. Sie müssen darauf achten, die Meinungen anderer nicht in einem solchen Maß zu übernehmen, daß sie dabei ihre eigenen Ziele aus den Augen verlieren.

In ihrer Jugend sind diese Menschen sehr beliebt, und sie klettern schnell auf der sozialen Leiter nach oben. Sie lassen sich jedoch leicht ausnutzen und sind häufig selbst mit diesem Aspekt ihrer Person unzufrieden.

Sie sollten ihre beruflichen Ziele bis zum Alter von 40 erreicht haben und dann entspannen. Eine Heirat kann ihr Schicksal stark verändern, so daß sie bei der Partnerwahl sehr sorgfältig vorgehen sollten.

5 – Gelb – Erde

(Goo Dosei)

Dieser Stern ist ein Erdzeichen. Die Erde ist stark; sie zieht die lebendige Kreatur, Menschen, Geld und Reichtümer an.

Menschen, die in diesem Zeichen geboren sind, haben sehr viel Glück, aber wenn es ihnen nicht gelingt, das Ausmaß ihres guten Schicksals zu erkennen, können sie in Schwierigkeiten geraten. Sie sind geborene Anführer und sammeln Menschen um sich. Sie kommen leicht zu Geld und Wohlstand. Wenn sie dabei jedoch habgierig und egoistisch werden, können sie leicht alles verlieren, was sie besitzen.

Menschen, die in diesem Zeichen geboren sind, fallen von einem Extrem ins andere: sie werden entweder geliebt oder gehaßt. Sie sind jedoch Kämpfernaturen, und wenn sie ihre Projekte richtig einschätzen, sind sie sehr erfolgreich. Sie sind häufig aggressiv, tun sich gern hervor und ordnen sich nicht gern unter. Um erfolgreich zu sein, müssen sie eine Funktion als Anführer haben oder an Projekten mitarbeiten, die es ihnen erlauben, ihre Individualität auszudrücken.

Sie können gut mit Geld umgehen und werden leicht reich, jedoch kann dies zu Habgier, Kleinlichkeit und schließlich zu ihrem Niedergang führen. In ihrer Jugend neigen sie zu übergroßer Aggressivität und werden nicht immer verstanden. Wahre Anerkennung gewinnen sie erst im mittleren Alter.

Menschen, die in diesem Zeichen geboren sind, sollten

sich besonders um Kommunikation mit anderen bemühen. Wenn es ihnen gelingt, ihre egoistischen und sturen Tendenzen in den Griff zu bekommen, sind sie beliebt und werden akzeptiert.

Sie sind sehr sensibel und sollten sich bemühen, ihre psychische Stabilität zu bewahren. Zu viel Aktivität verursacht Streß, daher sollten sie dafür sorgen, daß ihnen genug Zeit zum Entspannen bleibt.

6 – Weiß – Metall

(Roppaku Kinsei)

Dieser Stern ist ein Metallzeichen. Metall reflektiert die Eigenschaften des Himmels und Perfektion. Das Metall in diesem Zeichen ist nicht rein; es muß noch aus dem Erz gewonnen werden.

Menschen, die in diesem Zeichen geboren sind, sind häufig älteste Söhne, Väter von großen Familien oder Anführer großer Gruppen. Sie haben einen starken Unabhängigkeits- und Gerechtigkeitssinn. Sie versuchen, konsequent zu sein, nehmen das Leben ernst und sind bei anderen beliebt und werden geachtet.

Sie sind schlechte Geschäftsleute und sollten Berufe meiden, die mit Handel oder mit Geld zu tun haben. Obwohl sie geachtet werden, sind sie nicht übermäßig gesellig. Sie sind stolz, lassen sich nicht leicht beeinflussen und haben Schwierigkeiten, sich an neue Situationen anzupassen.

Wenn Sie es schaffen, akzeptiert zu werden, führen sie ein aktives und erfolgreiches Leben. Das Glück kommt nicht in ihren jungen Jahren zu ihnen, sondern erst nach der Reife.

7 – Rot – Metall

(Shichiseki Kinsei)

Auch dieser Stern ist ein Metallzeichen, aber hier handelt es sich um das reine, geschmolzene Metall. Menschen, die unter diesem Stern geboren sind, können sich während ihres ganzen Lebens vieler materieller Güter und finanziellen Reichtums erfreuen, aber sie können alles auch leicht wieder verlieren.

Das Glück ist ihnen in der Jugend nicht sicher und kann sich ihnen leicht entziehen. Vielleicht können sie aus diesem Grund die Zufriedenheit, die sie im mittleren Alter finden, dauerhaft bewahren. Ihr Schicksal kann in ihrer Jugend wechselhaft sein, aber das wahre Glück und ein harmonisches Leben erwartet sie erst nach dem Alter von 45. Von früher Kindheit an haben Männer und Frauen, die in diesem Zeichen geboren sind, keine enge Beziehung zu ihrem Vater.

Genauso wie Metall glänzt, wenn es nach dem Schmieden abkühlt, besitzen diese Menschen alle erforderlichen Eigenschaften, um glücklich und erfolgreich zu werden. Sie erreichen aber nie wirklichen Glanz, wenn es ihnen nicht gelingt vorauszuplanen.

Sie müssen so früh wie möglich selbständig werden. Sie haben eine rasche Auffassungsgabe und treffen leicht und schnell Entscheidungen. Obwohl sie in der Öffentlichkeit gewandte Redner sind und sich mühelos in Gesellschaft bewegen, wirken sie durch ihre Neigung, zuviel zu reden und sich mitreißen zu lassen, unzuverlässig.

Menschen, die in diesem Zeichen geboren sind, sind voller Ideen, die sie aber nicht immer verwirklichen. Sie sollten darauf achten, sich nicht zuviel vorzunehmen. Sie können nicht gut organisieren und verlieren schnell die Begeisterung. Sie schenken häufig unwichtigen Kleinigkeiten zuviel Aufmerksamkeit und verlieren ihre wirklichen Ziele aus den Augen.

8 – Weiß – Erde

(Happaku Dosei)

Dieser Stern ist ein Erdzeichen – die Erde, die das Leben trägt und hervorbringt.

Menschen, die in diesem Zeichen geboren sind, treten häufig in die Fußstapfen ihrer Eltern und setzen deren Arbeit fort. Sie führen gern von anderen begonnene Ideen und Projekte weiter. Sie werden in der Regel von älteren Menschen und Vorgesetzten mehr geschätzt als von Gleichaltrigen. Sie haben die Gabe, Geld und Besitz zu vermehren.

Diese Menschen sind konsequent und können viel Verantwortung übernehmen. Sie kommen in Phasen voran und streben häufig nach Perfektion. Manchmal kann ihr starker Charakter zu Konflikten mit anderen führen. Sie verabscheuen Schmeichelei, und ihre Offenheit kann ihnen Schwierigkeiten bereiten. Sie sind oft stur und egoistisch, aber als Partner bei großen Vorhaben unverzichtbar. Sie sind gut und freundlich zu ihren Arbeitskollegen.

Menschen, die in diesem Zeichen geboren sind, verfügen über die Stärke des Phönix. Selbst wenn alles verloren scheint, steigen sie aus der Asche empor und erreichen wieder die höchsten Gipfel. Sie sind robust und können ihr eigenes Schicksal ändern.

Trotz großer Anstrengungen kommen sie in ihrer Jugend nicht sehr weit, sondern erreichen den wahren Gipfel erst im mittleren Alter. Sie können gut mit Geld umgehen, sollten sich aber vor Geiz oder Habgier hüten.

9 – Purpurrot – Feuer

(Kyushi Kasei)

Dieser Stern ist ein Feuerzeichen. Feuer ist ein Element des Wandels. Es verkörpert das Herz der Sonne und deren Glanz. Es verbreitet Licht und macht Dinge sichtbar.

Wie die Sonne zur Mittagszeit sind Menschen, die unter diesem Stern geboren sind, strahlend und glücklich. Sie sind aufrichtig und sehr sensibel, vor allem in bezug auf Schönheit. Dieses Zeichen bringt häufig Künstler hervor, und Menschen, die in diesem Zeichen geboren sind, haben oft auch ein attraktives Äußeres. Dies kann jedoch auch von Nachteil sein, da sie dazu neigen, ihrer äußeren Erscheinung und der Meinung anderer zu große Beachtung zu schenken.

Sie lieben den Luxus, alles Schöne und ein leichtes Leben. Um dies zu erreichen, geben sie viel Geld für schöne Dinge und ihre eigene Erscheinung aus. Sie ermüden schnell und haben Schwierigkeiten, große Projekte zu Ende zu bringen.

In ihrer Jugend sind sie damit beschäftigt, hinter reizvollen, neuen Dingen herzujagen. Sie begeistern sich schnell für etwas, verlieren aber auch genauso schnell wieder das Interesse. Wenn sie es schaffen, ihre Ichbezogenheit in den Griff zu bekommen, ist ihr mittleres Alter heiter und harmonisch.

Da ihr Leben ein rasches Wechselspiel zwischen Hell und Dunkel ist, sollten sie unwichtigen Details weniger Aufmerksamkeit schenken und sich statt dessen auf Wichtiges konzentrieren.

Die Elemente
und ihre Kombinationen

Obwohl bestimmte Elemente mit einer Vielzahl von Eigenschaften, Vorstellungen und Symbolen assoziiert werden können, sollen hier nur einige der wichtigsten erläutert werden:

Wasser: Norden, Winter, Verborgenes, Schwarz, Nacht
Holz: Vitalität, Osten, Frühling, Grün, Morgen
Feuer: Sonne, Kampf, Süden, Glanz, Rot, Sommer, Mittagszeit
Erde: Mitte, Umgebung, Jahreszeit, Gelb
Metall: Westen, Herbst, Weiß, Abend

In Tabelle 1 wurden die Elemente zusammen mit den Zahlen und Farben angegeben, die die verschiedenen Jahre symbolisieren. Jedoch unterscheiden sich auch im gleichen Jahr geborene Menschen voneinander. Aus diesem Grund haben wir die folgende Liste zusammengestellt, die zeigt, welches Elementzeichen der Jahreszeit entspricht, in der eine Person geboren wurde. Diese Elemente bestimmen unseren Charakter auch noch.

1. Januar	bis	2. März	=	Wasser
3. März	bis	20. März	=	Erde
21. März	bis	3. Juni	=	Holz
4. Juni	bis	21. Juni	=	Erde
22. Juni	bis	4. September	=	Feuer

5. September	bis	22. September	=	Erde
23. September	bis	3. Dezember	=	Metall
4. Dezember	bis	21. Dezember	=	Erde
22. Dezember	bis	31. Dezember	=	Wasser

Zusätzlich zu dieser Liste geben wir Ihnen die Jahreszeiten an, in denen die einzelnen Elemente vorherrschen, sowie deren passive Zeiten und außerdem die Zeiten, in denen ihre Aktivität fast vollständig ruht. Ein sorgfältiges Studium von Tabelle 3 gibt Ihnen Aufschluß darüber, warum Vorhaben in bestimmten Jahreszeiten erfolgreich verlaufen oder warum nicht, und hilft Ihnen bei der Planung Ihrer Aktivitäten. Die Elemente als Basis des Kosmos unterliegen auch dessen Rhythmus. Aus diesem Grund bewirken kosmische Änderungen auch Änderungen in den Elementen.

Die Elemente und die Jahreszeiten *(Tabelle 3)*

Element	Vorherrschend	Passiv	Ruhend	Blockiert
Holz	Frühjahr	Herbst	Sommer	beim Jahreszeitenwechsel
Feuer	Sommer	Winter	beim Jahreszeitenwechsel	Herbst
Erde	beim Jahreszeitenwechsel	Frühjahr	Herbst	Winter
Metall	Herbst	Sommer	Winter	Frühjahr
Wasser	Winter	beim Jahreszeitenwechsel	Frühjahr	Sommer

Die Elemente und ihre Eigenschaften

Wir werden uns nun mit den Eigenschaften einzelner Elemente näher befassen. Beachten Sie dabei, daß wir jetzt die Elementzeichen in ihrer Beziehung zu der Zeit des Jahres untersuchen, in der eine Person geboren ist.

HOLZ

21. März bis 3. Juni
Wachstum, Expansion

Die Frühlings-Tagundnachtgleiche kündigt den Beginn der Jahreszeit des Elementes Holz oder des Baumes an. Dieses Element wird mit Frühling und dem Osten assoziiert. Bei Holz denkt man auch an Wasser.

Im menschlichen Körper wird Holz mit den Augen, der Leber, den Muskeln und der Gallenblase assoziiert. Im Kosmos ist der Baum mit dem Planeten Jupiter und dem kleinen Yang verbunden. In psychologischer Hinsicht wird mit dem Baum Zorn gleichgesetzt. Die gute Eigenschaft des Baumes ist Freundlichkeit. Der Geschmack des Baumes ist sauer. Der Klang des Baumes ist schrill und scharf.

Menschen, die in diesem Zeichen geboren sind, sollten mit dem Kopf nach Osten schlafen. Ihre günstigste Zeit ist von 3.00 bis 7.00 Uhr morgens. Ihre Glücksfarbe ist Grün. Diese Menschen sollten möglichst natürlich leben. Sie sind stark, friedliebend und gelassen. Oft ziehen sie Inspiration aus Spaziergängen im Wald.

FEUER

22. Juni bis 4. September
Kampf, Schutz

Der Sommer ist die Jahreszeit des Feuers. Dieses Element wird mit Sommer und dem Süden assoziiert und mit Feuer Hitze.

Im menschlichen Körper wird Feuer mit dem Herzen, den Venen, dem Dünndarm und der Zunge assoziiert. Im Kosmos ist Feuer mit der Sonne, dem Planeten Mars und dem großen Yang verbunden. In psychologischer Hinsicht wird Feuer mit dem Gefühl der Freude gleichgesetzt. Die gute Eigenschaft des Feuers ist Redlichkeit. Der Geschmack des Feuers ist bitter. Der Klang des Feuers ist Lachen.

Menschen, die in diesem Zeichen geboren sind, sollten mit dem Kopf nach Süden schlafen. Ihre günstigste Zeit ist von 9.00 bis 13.00 Uhr. Ihre Glücksfarbe ist Rot. Ihre Glückszahlen sind sieben und zwei. Diese Menschen sollten versuchen, frühzeitig Selbstvertrauen zu erreichen. Sie strahlen von Geburt an Kraft und Angriffslust aus. Sie sind erfüllt von Umgestaltungsdrang. Ihr Wissensdurst ist überdurchschnittlich, und sie ziehen Inspiration aus Spaziergängen und Sonnenbädern.

ERDE

*3. bis 20. März, 4. bis 21. Juni,
5. bis 22. September, 4. bis 21. Dezember*
Mitte, Umgebung

Das Element Erde wird nicht mit einer bestimmten Jahreszeit in Verbindung gebracht. Erde wird mit Donner und Feuchtigkeit assoziiert. Erde ist eine Mitte, ein Schwerpunkt. Im menschlichen Körper wird Erde mit der Milz, dem Mund, den Muskeln und dem Magen assoziiert.

Im Kosmos steht Erde mit den Planeten Erde und Saturn in Verbindung. Die psychologischen Eigenschaften von Erde sind Mitgefühl und Sehnsucht. Die gute Eigenschaft von Erde ist Glaube. Der Geschmack von Erde ist süß. Der Klang von Erde ist Musik und Gesang.

Menschen, die in diesem Zeichen geboren sind, sollten in der Mitte eines Raumes schlafen. Ihre günstigsten Zeiten sind über den ganzen Tag verteilt: von 1.00 bis 3.00 Uhr nachts, von 7.00 bis 9.00 Uhr morgens, von 13.00 bis 15.00 Uhr nachmittags und von 19.00 bis 21.00 Uhr abends. Ihre Glücksfarbe ist Gelb. Ihre Glückszahlen sind neun und fünf.

Menschen, die in diesem Zeichen geboren sind, stehen

gern im Mittelpunkt. Sie sind zuverlässige und vertrauenswürdige Leitpersonen für Verirrte und Ängstliche. Ein Spaziergang nach einem Gewitter oder nach einem Regenschauer kann eine Quelle der Inspiration für sie sein.

METALL

23. September bis 3. Dezember
Rechtschaffenheit

Dieses Element wird mit Herbst und dem Westen assoziiert. Metall wird mit Kälte und Trockenheit verbunden.

Im menschlichen Körper wird Metall mit den Lungen, der Nase, der Haut, den Haaren und dem Dickdarm assoziiert. Im Kosmos steht Metall mit dem Planeten Venus und dem kleinen Yin in Verbindung. Die psychologische Eigenschaft von Metall ist Sorge. Die gute Eigenschaft von Metall ist Aufrichtigkeit. Der Geschmack von Metall ist scharf. Der Klang von Metall ist Schluchzen.

Menschen, die in diesem Zeichen geboren sind, sollten mit dem Kopf nach Westen schlafen. Ihre günstigste Zeit ist von 15.00 bis 17.00 Uhr nachmittags. Ihre Glücksfarbe ist Weiß. Ihre Glückszahlen sind neun und vier. Diese Menschen sehnen sich nach einem ruhigen Leben, nach Zärtlichkeit, Mitgefühl, Einfühlungsvermögen und Gerechtigkeit. Sie ziehen Inspiration und Ausgeglichenheit aus Spaziergängen an der frischen Luft und im Schnee.

WASSER

1. Januar bis 2. März und 22. bis 31. Dezember
Aufgabe

Dieses Element wird mit Winter und dem Norden assoziiert. Wasser wird mit Regen und Kälte verbunden. Im menschlichen Körper wird Wasser mit den Ohren, den Nieren, dem Knochenmark und der Harnblase assoziiert. Im Kosmos wird Wasser mit dem Mond, dem Planeten Merkur und dem großen Yin gleichgesetzt. Die psychologische Eigenschaft von Wasser ist Angst. Die gute Eigenschaft von Wasser ist Weisheit. Der Geschmack von Wasser ist salzig. Der Klang von Wasser ist Seufzen.

Menschen, die in diesem Zeichen geboren sind, sollten mit dem Kopf nach Norden schlafen. Ihre günstigste Zeit ist von 21.00 abends bis 1.00 Uhr morgens. Ihre Glücksfarben sind Schwarz und Silbergrau. Ihre Glückszahlen sind sechs und eins.

Diese Menschen neigen dazu, sich um andere zu kümmern. Sie sind voller Mitgefühl und Mitleid. Sie ziehen Inspiration und Ausgeglichenheit aus Spaziergängen im Regen.

In der folgenden Tabelle sind die Eigenschaften der Elemente zusammengestellt. Damit ist das kurze Kapitel über die fünf grundlegenden Elemente abgeschlossen. Dieses Kapitel hilft uns, die in diesem Buch beschriebenen grundlegenden kosmischen Elemente besser zu verstehen.

Die Charakteristik der Elemente *(Tabelle 4)*

Element	Holz	Feuer	Erde	Metall	Wasser
Himmelsrichtung	Osten	Süden	Mitte	Westen	Norden
Farbe	Grün	Rot	Gelb	Weiß	Schwarz
Glücks-Zahlen	8 und 3	7 und 2	10 und 5	9 und 4	6 und 1
Klima	Wasser	Hitze	Gewitter, Feuchtigkeit	Kälte, Trockenheit	Regen, Kälte
Klang	Schrille Töne	Lachen	Gesang	Schluchzen	Seufzen
Gute Eigenschaft	Güte	Redlichkeit	Glaube	Ehre	Weisheit
Emotion	Zorn	Freude	Mitleid	Kummer	Furcht
Planet	Jupiter	Sonne, Mars	Saturn	Venus	Mond, Merkur
Tageszeit	Morgen	Mittag	Der ganze Tag	Nachmittag	Mitternacht
Geschmack	Sauer	Bitter	Süß	Scharf	Salzig
Jahreszeit	Frühjahr	Sommer	Das ganze Jahr	Herbst	Winter
Funktion	Wachstum	Schutz	Ausrichtung	Gerechtigkeit	Aufgabe

Die Tierzeichen

Die chinesischen Tierzeichen, die den Jahren des 12-Jahres-Zyklus entsprechen, sind integraler Bestandteil von Kigaku. Diese Tierzeichen gehören zu den zuverlässigsten Führern in die Vergangenheit und Zukunft. Besonders interessant ist auch die Art und Weise, wie die Eigenschaften der Tiere den unter den jeweiligen Zeichen geborenen Menschen zugeordnet werden.

Vor Tausenden von Jahren verwendeten chinesische Astrologen komplizierte Ideogramme, die für gewöhnliche Menschen nur schwer verständlich waren. Die Ideogramme, die Menschen nach Typen einteilten, wurden durch Tierzeichen ersetzt, die leichter interpretiert werden konnten. Dabei wurde sorgfältig darauf geachtet, Tiere auszuwählen, deren Eigenschaften den Menschen entsprechen, die sie charakterisieren sollten.

Es folgt nun eine kurze Beschreibung jedes Tierzeichens mit einer Angabe der entsprechenden Jahreszahlen nach Tabelle 1.

DIE RATTE

1900, 1912, 1924, 1936, 1948, 1960, 1972, 1984, 1996, 2008

Die japanische Sprache unterscheidet nicht zwischen Ratte und Maus. Beide Tiere werden als *nezumi* bezeichnet. Obwohl dieser Begriff alles umfaßt, von der kleinen Maus bis zur Kanalratte, denken Sie bei dem Zeichen Ratte am besten an ein possierliches, sympathisches Tier, ähnlich dem väterlichen *nezumi* in der folgenden traditionellen japanischen Erzählung für Kinder:

Es war einmal ein alter Maus-Vater, der seine schöne Tochter mit der mächtigsten Person im Land verheiraten wollte. Er wandte sich an einen weisen Mann, um zu erfahren, wer in Frage käme, und erhielt die Auskunft, die wichtigste Person im Land sei die Sonne, die über alles Leben auf Erden bestimmt.

Der Maus-Vater begab sich zur Sonne und bat sie, seine Tochter zur Frau zu nehmen. Aber die Sonne sagte zu ihm, die Wolke, die sie, die Sonne, verdecken und der Welt das Sonnenlicht wegnehmen könne, sei noch mächtiger. Daraufhin wandte sich die Maus an die Wolke, aber diese wiederum sagte, daß der Wind, der sie in kleine Fetzen auseinanderwehen könne, noch viel mächtiger sei. Daraufhin machte sich die Maus auf, um mit dem Wind zu sprechen. Der Wind jedoch gab zu bedenken, daß er immer gezwungen sei, sich vor einer dicken Mauer zu beugen.

Daraufhin wandte sich der müde alte Maus-Vater an die Mauer, die den Keller umgab, in dem er wohnte, aber die Mauer sagte traurig: „Wie kann ich am mächtigsten sein, solange es

Euch Mäuse gibt? Schließlich ist es kinderleicht für Euch, ein Loch in mich zu nagen und in mir herumzuspazieren!" Daraufhin sah der Maus-Vater ein, daß seine Suche vergeblich gewesen war und daß es das beste sei, dem Wunsch seiner Tochter nachzugeben und sie den schönen jungen Mäuserich von nebenan heiraten zu lassen, den sie heimlich liebte.

Die im Zeichen der Ratte geborenen Menschen sind charmant und selbstbewußt. Sie wirken zwar meist ruhig, aber hinter ihrer ausgeglichenen Fassade lauern Streitlust und Launenhaftigkeit, und sie können neurotische Züge haben.

Ratten geraten leicht in Auseinandersetzungen. Sie stellen immer als erste Fragen zu Angelegenheiten, die alle betreffen. Menschen, die im Jahr der Ratte geboren sind, sind gern mit anderen Menschen zusammen, können aber eine andere Person rücksichtslos in die Enge treiben, wenn sie sich angegriffen fühlen. Ratten haben viele Bekannte, aber nur wenige Freunde – aus dem einfachen Grund, weil sie niemandem trauen. Ratten sind mit ihren Gefühlen nicht offen und benutzen ihren Charme, um ihre Geheimnisse zu verbergen.

Ratten können Spieler, jedoch auch Geldgeber sein. Sie versuchen, für das Alter und für schlechte Zeiten vorzusorgen. Sie sind häufig kreativ, ihr Urteil ist jedoch nicht immer zuverlässig. Sie verstehen es, Geld zu machen, aber auch, es auszugeben. Ihre Fähigkeiten liegen eher im intellektuellen als im praktischen Bereich. Viele Ratten sind Geschäftsleute und Politiker. Ratten haben in der Regel eine glückliche Kindheit, aber ihr Leben ist im mittleren Alter turbulent und stürmisch. Sie können jedoch mit zunehmendem Alter Ruhe und Frieden entgegensehen.

DER BÜFFEL

1901, 1913, 1925, 1937, 1949, 1961, 1973, 1985, 1997, 2009

Ruhig, langsam und systematisch, so können Menschen charakterisiert werden, die im Zeichen des Büffels geboren sind. Diese Menschen sind Einzelgänger, können scharf denken und planen jeden Schritt sorgfältig. Sie haben die Fähigkeit, eine Aufgabe so lange beharrlich zu verfolgen, bis sie erledigt ist. Manchmal sind diese Menschen fanatisch in ihrem Pflichtbewußtsein.

Obwohl sie friedlich und fügsam wirken, haben Büffel ein ungestümes Temperament, und ihre seltenen Ausbrüche können für ihre Umgebung äußerst gefährlich sein. Sie sind loyal, lassen aber nicht zu, daß ihre Loyalität ausgenutzt oder mißbraucht wird. Enttäuschung ist häufig die Ursache ihres Zorns.

Menschen, die in diesem Zeichen geboren sind, betrachten die Familie als heilig, und sie sind häufig sehr konservativ. Sie sind in ihren Gewohnheiten festgelegt und passen sich nicht gern an neue Ideen an. Sie können hart arbeiten, und zwar nicht nur für sich selbst, sondern für ihre ganze Umgebung. Der Besitz eines Büffels bedeutet in Asien Wohlstand, und ein Mensch, der in diesem Zeichen geboren ist, garantiert Wohlstand für die Menschen in seiner Umgebung.

Obwohl sie viele Talente haben, sind Büffel besonders begabt für Berufe, in denen mit den Händen gearbeitet wird, von der Landwirtschaft bis zur Chirurgie. Sie sollten es vermeiden, in großen Gruppen oder im öffentlichen Dienst zu arbeiten, da ihre Beziehungen zu anderen Menschen häufig mühsam und schwierig sind. Das gleiche gilt für Berufe, die viele Reisen erfordern. Der damit verbundene Wechsel kann sich störend auf das innere Gleichgewicht und demzufolge auch auf die Gesundheit der in diesem Zeichen geborenen Menschen auswirken.

Büffel können stur und dogmatisch sein und werden oft mißverstanden. Obwohl sie ihren Familien ergeben sind, belasten sie den Ehepartner und die Kinder mit ihren Forderungen nach absolutem Gehorsam. Sie sind treu, aber selten romantisch, und sie betrachten grundsätzlich die Liebe als ein Spiel, das nur kostbare Zeit in Anspruch nimmt.

Die Kindheit und Jugend dieser Menschen verläuft in der Regel harmonisch. Die Probleme beginnen erst, wenn sie ihren Platz in der Gesellschaft einnehmen sollen. Manchmal sind sie nicht in der Lage, gesellschaftliche Beziehungen zu verstehen, die von ihrem persönlichen Verhaltenscode abweichen, und das bringt sie dazu, sich zurückzuziehen.

DER TIGER

1902, 1914, 1926, 1938, 1950, 1962, 1974, 1986, 1998, 2010

Der Tiger hat in der chinesischen und japanischen Astrologie eine besondere Bedeutung. Tiger sind voller Energie, eigenwillig, aufbrausend, häufig launisch, mit Neigung zur Rebellion und werden durch ihre unberechenbare und blutdürstige Natur charakterisiert. Wie bereits erwähnt, war es für im Zeichen des Tigers geborene Frauen schwierig, in Japan einen Ehemann zu finden. Dies galt ganz besonders für im Jahr des „Goo no tora" geborene Frauen. (Diese Jahre sind in Tabelle 1 entsprechend gekennzeichnet.) In Adelsfamilien wurde von der Möglichkeit Gebrauch gemacht, die in solchen Jahren geborenen Töchter mit einem Bauern zu verheiraten, der in die große Gesellschaft eintreten wollte.

Obwohl sie voller Energie sind, versäumen Tiger es häufig, die Verantwortung für ihre Handlungen zu übernehmen. Aus diesem Grund fällt es oft schwer, sich ihnen unterzuordnen. Auf der anderen Seite ist es nicht einfach, ihrem natürlichen Charme und ihrer Energie zu widerstehen. Sie sind mit einer solchen Überzeugungskraft und mit einem solchen Selbstvertrauen erfüllt, daß sie häufig die Achtung ihrer Gegner gewinnen. Sie verabscheuen Feigheit. Tiger haben keinen Respekt vor Autorität und machen alles so, wie sie es für richtig halten. Wenn sie sich auf eine gegebene Aufgabe stürzen, verlieren sie manchmal erstaunlich schnell das Interesse und überlassen anderen den Großteil der Arbeit.

Sie sind oft kleinlich bei unwichtigen Angelegenheiten, können jedoch großzügig und tolerant sein, wenn viel auf dem Spiel steht. Obwohl sie nicht wirklich an Geld interessiert sind, können einige durch glückliche Umstände reich werden.

Obwohl sie immer in Führung sind, immer voller neuer Ideen stecken, ziehen sich Tiger dennoch manchmal aus Gründen zurück, die sie selbst nicht erklären können. Tiger sind geborene Kämpfer. Sie sind zu großer Liebe fähig, können jedoch auch untreu werden. Frauen, die in diesem Zeichen geboren sind, sind besonders anfällig für Affären, so daß sie es aus diesem Grund häufig schwer haben, in China und Japan einen Ehemann zu finden. Diese Affären enden jedoch selten glücklich und lassen Tiger-Menschen enttäuscht und verletzlicher als zuvor zurück.

DER HASE

1903, 1915, 1927, 1939, 1951, 1963, 1975, 1987, 1999, 2011

In China, Vietnam und anderen asiatischen Ländern werden diese Jahre durch das Zeichen der Katze symbolisiert, in Japan ist es jedoch der Hase. In beiden Fällen werden die in diesem Zeichen geborenen Menschen durch ein

Tier charakterisiert, das ein Fell trägt und flink und schnell ist.

Hasen sind gesellige Menschen. Sie lieben große Menschenansammlungen und hassen es, allein zu sein. Sie müssen immer jemanden um sich haben, gleichgültig, ob es sich dabei um Familienmitglieder oder Freunde handelt. Daher verfallen sie manchmal zwangsläufig in Klatsch und Gerüchte, aber sie verfügen auch über ein hohes Maß an Takt und Diskretion. Menschen, die in diesem Zeichen geboren sind, lieben das Vergnügen, sind gern zu Gast und haben selbst gern Gäste. Sie haben in der Regel einen guten Geschmack, und ihr Heim ist immer schön ausgestattet und gepflegt. Sie neigen zum Snobismus und streichen gern ihr Interesse an Kultur und Kunst heraus.

Hasen sind relativ friedliche Menschen. Sie streiten selten und sind nur schwer zu provozieren. Dennoch messen sie ihren eigenen Problemen oberste Priorität bei. Große Unglücksfälle oder Katastrophen lassen sie unberührt, wenn sie nicht direkt davon betroffen sind. In der Regel sind sie konservativ, da sie alles hassen, was ihr geregeltes, friedliches Leben stören könnte. Mehr als alles andere zählt für sie Frieden und Sicherheit, und ihre Mitarbeit an großen Projekten kann schwierig sein. Sie sind vorsichtig, betrachten Probleme von allen Seiten und gewinnen dadurch die Achtung ihrer Umgebung.

In finanzieller Hinsicht ist es ein glückliches Zeichen; Hasen sind erfolgreiche Geschäftsleute. Sie machen grundsätzlich keine Fehler bei geschäftlichen Transaktionen, da sie nicht nur über Scharfsinn verfügen, sondern auch das Glück auf ihrer Seite haben. Menschen, die in diesem Zeichen geboren sind, sind in der Regel auch in der Politik erfolgreich. Auf jeden Fall führen sie im allgemeinen ein relativ sorgloses Leben. Die in diesem Zeichen geborenen Frauen sind häufig in Berufen tätig, bei denen sie im Rampenlicht der Öffentlichkeit stehen.

In Asien wird Hasen oder Katzen kein Vertrauen entgegengebracht, da beide als egoistische, schwache Tiere gelten. Allerdings können sich die Schwächen der in diesem Zeichen geborenen Menschen unter den richtigen Umständen plötzlich in unerwartete Stärken verwandeln.

DER DRACHE

1904, 1916, 1928, 1940, 1952, 1964, 1976, 1988, 2000

Drachen sind gesund und voller Vitalität. Sie sind direkt, sowohl in ihren Worten als auch in ihren Taten. Sie verbergen nichts und sind in der Regel schlechte Diplomaten. Sie sind Idealisten, Perfektionisten, stur und geraten leicht in Zorn.

Menschen, die in diesem Zeichen geboren sind, neigen dazu, das zu sagen, was sie denken. Selbst wenn sie unrecht haben, lohnt es sich, ihnen aufgrund ihrer Überzeugungen zuzuhören. Sie fließen buchstäblich vor Selbstvertrauen über. Ihre Begeisterung sitzt immer nahe unter der Oberfläche und kann daher leicht geweckt werden.

Drachen glänzen bei allem, was sie tun. Ihr Leben ist von Erfolg gekrönt. Sie lassen sich voll und ganz auf das ein, was sie tun, und ihre großen Anstrengungen werden belohnt. Drachen können sich manchmal der falschen Sache verschreiben, und das mit ihrem ganzen Engagement. Menschen, die in diesem Zeichen geboren sind, werden oft geliebt, lieben aber selbst nur selten mit ganzem Herzen. Sie heiraten nicht oft jung und bleiben manchmal ihr ganzes Leben lang unverheiratet. Sie sind vollkommen autonom und scheinen manchmal allein glücklicher zu sein.

Drachen können oft in Schwierigkeiten geraten, weil sie zuviel von ihren Nächsten erwarten. Eltern haben es besonders schwer mit Kindern, die in diesem Zeichen geboren sind und die ganze Welt fordern. Drachen-Menschen fühlen sich anderen überlegen und können oft in Konflikte geraten, vor allem wenn sie im künstlerischen Bereich tätig sind. Sie begnügen sich niemals mit kleinen Triumphen.

Das Zeichen des Drachen ist ein Glückszeichen und ein Symbol der Stärke und Macht. Es symbolisiert Wachstum und Fortschritt. Drachen speien Feuer und manchmal sogar Gold. Der Sage nach soll der Drache auf einem verborgenen Schatz liegen, was auch die Essenz dieses Zeichens sein soll.

DIE SCHLANGE

1905, 1917, 1929, 1941, 1953, 1965, 1977, 1989, 2001

Der Sage nach liegt auch die Schlange auf einem verborgenen Schatz. In Japan ist das Jahr der Schlange sehr fruchtbar, und in einem solchen Jahr werden viele Kinder geboren. Der Grund dafür ist, daß es heißt, Schlangen hätten in der Regel keine finanziellen Probleme. Glücksbringer in Form einer Schlange sind in Japan sehr verbreitet, da sie angeblich Glück bei Geschäften bringen und das Geld anziehen. Schlangen knausern mit ihrem Geld und sind daher nicht die richtigen Personen, von denen man sich Geld leihen sollte. Eine Schlange um einen Gefallen zu bitten kann ebenfalls unklug sein, da sie leicht anmaßend werden kann.

Menschen, die in diesem Zeichen geboren sind, kleiden sich geschmackvoll und manchmal extravagant. Schlangen sind Intellektuelle, und viele von ihnen sind Philosophen. Sie können scharf denken, sind klug und häufig sehr intuitiv. Sie treffen wichtige Entscheidungen, ohne zu zögern. Sie sind konsequent und handeln schnell, ohne Furcht vor den vor ihnen liegenden Hindernissen. In der Regel bevorzugen Schlangen jedoch stabile Karrieren, die keine Risiken bergen.

Schlangen sind eifersüchtig und in der Liebe besitzergreifend. Selbst wenn sie nicht mehr lieben, zögern sie, eine Beziehung zu beenden. Männliche Schlangen haben häufig große Familien. Der wahre Grund dafür soll jedoch sein, daß sie auf diese Weise ihre Frauen am besten anbinden können.

Zunächst verläuft das Leben der Schlange relativ friedlich, aber die Reife bringt große Veränderungen. Ihre Sentimentalität, die Tatsache, daß sie gern ihr Auge schweifen läßt, und ihr Verlangen nach Liebesabenteuern kann die Sicherheit ihrer späteren Jahre bedrohen.

Das Pferd

1906, 1918, 1930, 1942, 1954, 1966, 1978, 1990, 2002

Pferde sind gutaussehend, attraktiv, voller Sexappeal, und sie verstehen es, sich zu kleiden. Sie lieben Menschenansammlungen bei Konzerten, Theatervorstellungen, Sportveranstaltungen und Partys. Sie verstehen es, Komplimente zu machen, aber auch, Komplimente entgegenzunehmen. Sie sind intelligent, sympathisch, amüsant und immer sehr beliebt.

In diesem Zeichen geborene Menschen sind wie gemacht für eine Laufbahn in der Politik. Mit ihrem Aussehen und ihrem Charme können sie andere inspirieren und um sich sammeln. Sie denken schnell und können die Wünsche und Gedanken ihrer Umgebung erraten, noch ehe sie ausgesprochen werden. Pferde sind begabt und intelligent, jedoch auch oberflächlich. Sie sind eher intuitiv als wirklich intelligent, und sie selbst wissen das auch sehr genau. Obwohl niemand es vermuten würde, mangelt es Pferden manchmal an Selbstvertrauen.

Pferde haben wenig Geduld und sind immer in Eile. Manchmal geraten sie übergangslos wie Kinder von Freude in Wut und umgekehrt. Sie sind egoistisch und gehen rücksichtslos gegen jeden vor, der sich ihnen in den Weg stellt. Sie verlassen früh das Elternhaus, und das ist für alle Beteiligten das beste. Wenn sie selbst eine Familie gründen, sorgen sie schnell dafür, daß sich alles im Haus um sie dreht.

Sie leisten gute Arbeit und sind häufig im Beruf erfolgreich. Sie sind geschickt im Umgang mit Geld, aber leider wechseln sie ihre Interessen häufig, und als Folge davon auch ihren Aufgabenbereich. Es kann vorkommen, daß sie das Interesse an einem Projekt verlieren und dann voller Begeisterung ein anderes in Angriff nehmen.

Pferde sind sehr schwach in ihrer Beziehung zum anderen Geschlecht. Sie tun aus Liebe alles. Wenn sie sich verlieben, werden sie allem anderen gegenüber blind. Wenn sie es schaffen, diese Schwäche zu überwinden, werden sie jedoch glücklich und erfolgreich. Im allgemeinen beginnt ihr Leben stürmisch und mit vielen Veränderungen, aber später verläuft es ruhig und harmonisch.

Das Jahr des Pferdes zu beschreiben, ohne „Hi no e uma" zu erwähnen, wäre ein Versäumnis. Die Jahre des Feuerpferdes, zu denen die Jahre 1846, 1906, 1966 und 2026 gehören, gelten als negativ für die in diesem Zeichen geborenen Menschen und für deren Umgebung. Krankheit, Unglück und Pech verfolgen sie selbst und die Mitglieder ihrer Familie. Tatsächlich achten viele japanische Paare sorgfältig darauf, in einem Jahr des Feuerpferdes keine Kinder zu bekommen. Früher war es für in diesem Zeichen geborene Asiatinnen unmöglich, einen Ehemann zu finden.

DAS SCHAF

1907, 1919, 1931, 1943, 1955, 1967, 1979, 1991, 2003

Das Schaf ist ein weibliches Zeichen. Menschen, die in diesem Zeichen geboren sind, sind elegant, charmant, künstlerisch und lieben die Natur. Sie neigen jedoch auch dazu, sich ständig Sorgen zu machen, zu zaudern und pessimistisch zu sein.

Schafe (in China ist dies das Zeichen der Ziege) sind auf ihrer eigenen Weide nie zufrieden. Das Gras ist auf der anderen Seite immer grüner. Sie sind häufig mit sich selbst und ihrer Position unzufrieden und werden dabei, ohne sich dessen bewußt zu sein, eine Last für andere. In der Regel haben sie wenig Selbstbeherrschung, ihr lautes Blöken ist meilenweit zu hören.

Auf der anderen Seite legt ein Schaf keinen Wert auf Unabhängigkeit und kann sich problemlos an jede Art von Leben anpassen, das ihm ein bestimmtes Maß an Sicherheit garantiert. Schafe sind häufig schüchtern und daher in hohem Maße von anderen abhängig, und sie haben nichts dagegen, wenn ihnen Entscheidungen abgenommen werden. Schafe verfügen über wenig Individualität und Selbständigkeit und haben kein ausgeprägtes Verantwortungsgefühl. Unter dem richtigen Einfluß können Menschen, die in diesem Zeichen geboren sind, im künstlerischen Bereich Erfolg haben oder gute Kunsthandwerker oder Handwerker werden.

Menschen, die im Zeichen des Schafes geboren sind, sind außerordentlich intelligent, einfallsreich, großzügig und leichtgläubig. Sie lieben es, alles mit anderen zu teilen. Es kann sogar vorkommen, daß sie Dinge teilen, die ihnen überhaupt nicht gehören.

Frauen, die in diesem Zeichen geboren sind, streben die Ehe an und heiraten häufig einen wohlhabenden Mann, der ihnen die Sicherheit bietet, die sie sich wünschen. Wenn sie keinen solchen Mann finden, ziehen sie es vor, unverheiratet zu bleiben und mit ihren Eltern zu leben, anstatt auf ihre Bequemlichkeit zu verzichten.

Menschen, die in diesem Zeichen geboren sind, sollten sich möglichst von der Geschäftswelt fernhalten. Sie sind schlechte Verkäufer und genauso schlechte Käufer. Sie können sich nicht gut ausdrücken, und es ist schwer für sie, anderen ihre Ideen zu verkaufen. Auch alles, was mit dem Militär zu tun hat, sollte vermieden werden, da sie in einer Schlacht die geborenen Verlierer sind.

Schafe haben häufig eine glückliche Kindheit, aber ihre Jugend ist von Unsicherheit gekennzeichnet. Wenn sie eine schöne grüne Wiese bekommen, verläuft ihr Leben glücklich und erfolgreich. Es ist allerdings schwierig für sie, sich diese Wiese selbst zu verschaffen.

DER AFFE

1908, 1920, 1932, 1944, 1956, 1968, 1981, 1992, 2004

Auch wenn sie gesellig, freundlich und fröhlich wirken – Affen sind egoistisch. Sie halten nicht viel von anderen, verbergen dies jedoch hinter falscher Vertraulichkeit. Sie fühlen sich ihren Mitmenschen überlegen. Sie mißtrauen ihrer Umgebung, aber sie können selbst geschickt ihre Gefühle verbergen. Sie behalten außerdem ihre wirkliche Meinung für sich, da sie davon überzeugt sind, andere seien es nicht wert, sie zu hören.

Affen lieben das Vergnügen, aber sie sind auch wissensdurstig. Sie lesen sehr viel und lieben es, Dinge zu erforschen und Informationen zu sammeln. Sie sind findig und lösen Probleme erstaunlich schnell. Sie lassen jedoch auch schnell Projekte fallen, wenn sie das Interesse daran verlieren.

Sie sind außerordentlich intelligent und willensstark. Tatsächlich gelingt es ihnen häufig, die im Zeichen der Schlange Geborenen zu täuschen oder dem Charme des Tigers erfolgreich zu widerstehen. Ihre angeborene Diplomatie ermöglicht es ihnen, sich aus schwierigen Situationen herauszuwinden.

Affen haben wenig Skrupel. Sie haben keine Bedenken, andere zu täuschen. Obwohl sie keine Diebe sind, schrekken sie nicht vor Lügen zurück, um ihre eigenen Ziele zu erreichen. Jedoch wirken die in diesem Zeichen geborenen Menschen so charmant, unbeschwert und spontan, daß es niemandem schwerfällt, ihnen zu verzeihen.

Sie haben in dem von ihnen gewählten Beruf sehr schnell Erfolg. Sie können alles mögliche anfangen, ohne dabei Gefahr zu laufen, Fehlschläge zu erleiden. Menschen, die in diesem Zeichen geboren sind, werden häufig berühmt, und schaffen es, trotz möglicher finanzieller Probleme, immer auf eigenen Beinen zu stehen.

Es gibt jedoch einen Lebensbereich, in dem Affen selten erfolgreich sind, und das ist die Beziehung zum anderen Geschlecht. Sie verlieben sich leicht und verfallen genauso schnell auch wieder in das Gegenteil. Sie sind nie zufrieden und befinden sich ständig auf der Suche nach dem ihrer Ansicht nach richtigen Partner. Obwohl sie romantisch sein können, sind sie übermäßig kritisch, und das erweist sich immer als Nachteil. Menschen, die in diesem Zeichen geboren sind, leben im Alter oft allein und sterben weit entfernt von ihrer Familie.

DER HAHN

1909, 1921, 1933, 1945, 1957, 1969, 1981, 1993, 2005

In Südostasien symbolisiert das Huhn dieses Zeichen, aber in Japan ist es der Hahn. Menschen, die in diesem Zeichen geboren sind, lassen ihre Meinung jeden wissen. Unter dem Deckmantel der Aufrichtigkeit und Offenheit können sie oft aggressiv und grausam sein. Abgesehen von der Tatsache, daß sie gern ihre Meinung äußern, kümmern sie sich nicht allzuviel um andere. Wegen dieses völligen Mangels an Takt heißt es, das Schlimmste, was ein Hahn tun könne, sei, Diplomat zu werden.

Hähne lieben es, die Aufmerksamkeit auf sich zu ziehen und im Mittelpunkt zu stehen. Sie sind davon überzeugt, immer recht zu haben und verlassen sich daher nur auf sich selbst. Sie träumen gern und sehen sich als Helden, jedoch entspricht dies häufig nicht der Wirklichkeit. Sie sind Stammtischkrieger, jedoch bedeutet dies nicht, daß sie feige sind. Hähne können mutig sein, wenn es erforderlich ist. Sie ziehen es jedoch vor, sich nicht zu sehr anzustrengen, bevor es nicht absolut erforderlich ist.

Menschen, die in diesem Zeichen geboren sind, haben normalerweise einen großen Freundeskreis und heben sich durch ihre lebhafte Kommunikation und ihr Äußeres von der Menge ab. Ihr Hang zum Tagträumen kann dazu führen, daß sie in Faulheit verfallen, aber wenn sie erst einmal eine Aufgabe begonnen haben, führen sie sie gewissenhaft und professionell zu Ende. Hähne werden meist nicht reich. Wenn dies jedoch der Fall ist, kommen sie über ungewöhnliche Quellen und auf ungewöhnliche Art und Weise zu ihrem Wohlstand.

In Beziehungen ist es schwierig für sie, den Partner zu halten. Sie enttäuschen die von ihnen geliebten Menschen durch ihren Mangel an Takt und ihren Egoismus. Obwohl sie häufig lange Beziehungen haben, haben männliche Hähne eine Vorliebe für weibliche Gesellschaft, in der sie glänzen können, und sie finden die Gesellschaft anderer Männer überflüssig und langweilig.

DER HUND

1910, 1922, 1934, 1946, 1958, 1970, 1982, 1994, 2006

Hunde sind Kämpfer und Krieger. Sie geben nie auf, sind immer auf der Hut und bereit zu handeln.

Menschen, die im Zeichen des Hundes geboren sind, sind introvertiert. Sie zeigen ihre Gefühle nur, wenn sie es für unbedingt notwendig halten. Hunde sind außergewöhnlich stur und wissen genau, was sie wollen. Sie sind außerdem Pessimisten und handeln oft so, als würden sie nichts vom Leben erwarten.

Sie sind treu und loyal ihren Freunden und ihrer Familie

gegenüber. Sie können Geheimnisse für sich behalten und sind sehr verläßlich. Dies macht sie beliebt, obwohl sie nicht ausgesprochen gesellig sind. Hunde sind nicht immer die besten Redner, da sie sich nicht gut ausdrücken können. Sie fallen selten in einer Menge auf, ziehen aber dennoch Aufmerksamkeit auf sich. Sie werden zu recht hoch geachtet, da sie gute Zuhörer sind.

Ungerechtigkeit berührt Hunde stark, und die Geschichte ist voll von Gerechtigkeitskämpfern, die in diesem Zeichen geboren sind. Obwohl sie für Gerechtigkeit kämpfen, leiden Hunde oft wegen der Vergehen anderer. Sie haben viel Einfühlungsvermögen und leiden, wenn ihre Umgebung leidet. Jedoch bleibt dies nicht unbelohnt. Ihr altruistisches Wesen hilft ihnen, für sich selbst zu erreichen, was sie eigentlich für andere erreichen wollten. Aufgrund ihrer Loyalität können sie vertrauliche Aufgaben ausführen, und aufgrund ihrer Glaubwürdigkeit werden sie häufig von anderen als Stellvertreter gewählt.

Alle diese Eigenschaften geben Anlaß zu großer Sorge. Tatsächlich können Menschen, die in diesem Zeichen geboren sind, trotz ihrer Treue, Loyalität und Aufrichtigkeit durch ihr Liebesleben in Schwierigkeiten geraten. Obwohl zum Teil auch ihre Partner für den Kummer verantwortlich zu machen sind, sind es auf die Dauer gesehen ihre eigenen ständigen Ängste, durch die sie Fehler machen und leiden, wenn es um die Liebe geht.

Ihr Leben ist voller Unsicherheit. Selbst das Alter bringt ihnen keinen Frieden, da sie ihre Zeit damit verbringen, ihren Versäumnissen nachzuhängen.

DER EBER

1911, 1923, 1935, 1947, 1959, 1971, 1983, 1995, 2007

In einigen Teilen Asiens wird dieses letzte Tierzeichen durch das Schwein symbolisiert, in Japan ist es jedoch der Eber.

Menschen, die im Zeichen des Ebers geboren sind, sind energisch, aufrichtig, vertrauenswürdig und sogar ein bißchen naiv, und lassen niemals jemanden im Stich. Trotz ihrer großen physischen Stärke sind Eber durch ihre Aufrichtigkeit und Offenheit verwundbar. Obwohl sie begabte Athleten sind, verfügen diese Menschen nicht über den Kampfgeist, der Sieger hervorbringt.

Eber lügen selten und können sich nicht vorstellen, daß andere dazu in der Lage sind. Sie sind intelligent, haben aber mit Geld kein Glück. Sie bringen leicht Opfer für andere oder für den Versuch, ihre Handlungen zu rechtfertigen. Sie sind außerordentlich leichtgläubig und halten es für notwendig, alles, was sie behaupten, auch zu beweisen.

Menschen, die im Zeichen des Ebers geboren sind, sind nicht übermäßig kommunikativ, aber sie sind ideale Partner bei der Arbeit, bei Partys und auf Reisen. Wenn sie sich zum Reden entschlossen haben, hören sie erst wieder auf, wenn sie das Thema erschöpft haben. Dann schweigen sie wieder. Sie sind erstaunlicherweise ziemlich materialistisch eingestellt. Sie lieben den Komfort und die Mittel, um sorglos leben zu können, aber sie erreichen diese Dinge nur selten.

Aufgrund ihrer Stärke und Energie lassen sie sich auf

riskante Unternehmungen ein, an die sich andere nicht einmal im Traum wagen würden. Wenn sich Eber erst einmal für etwas entschieden haben, scheuen sie vor keinem Hindernis zurück, um dieses Ziel zu erreichen. Es ist sinnlos, bei einem Eber auf einen Moment der Schwäche zu warten, in dem er nicht auf der Hut ist. Eber sind immer voller Stärke.

Menschen, die im Zeichen des Ebers geboren sind, haben wenig Freunde, aber die, die sie haben, behalten sie fast immer. Frauen, die in diesem Zeichen geboren sind, lieben es, ihre Freunde mit Geschenken zu überraschen und zu sich einzuladen.

Obwohl sie stark sind, lenken Eber bei Auseinandersetzungen und Streit häufig ein, um ihre Freundschaften zu erhalten. Sie nutzen niemals eine Gelegenheit, um einen Gegner zu vernichten. Sie arbeiten ihr Leben lang hart und versuchen nie, Unterstützung zu bekommen. Künstler und Schriftsteller sind häufig in diesem Zeichen geboren.

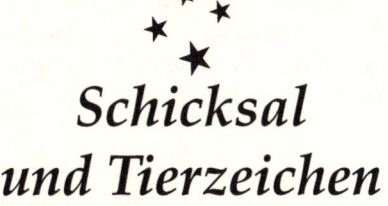

Schicksal und Tierzeichen

In Japan ist man davon überzeugt, daß die Tierzeichen nicht allein bestimmend für die Schicksale der Menschen sind. Vielmehr sollten die Tierzeichen in Kombination mit den durch Kigaku verfügbaren Zahlen und Farben verwendet werden, um Vorhersagen über das Leben von Menschen zu machen.

Wir befassen uns nun wieder mit dem Leben von Menschen, die in verschiedenen Tierzeichen geboren sind, berücksichtigen dieses Mal jedoch auch die entsprechenden Zahlen und Farben. Dabei ist zu beachten, daß kein Tier mit allen Zahlen und Farben kombiniert werden kann (siehe hierzu Tabelle auf den Seiten 20 und 21). Folgende Kombinationen sind möglich:

DIE RATTE

1 – Weiß

Menschen mit dieser Zeichenkombination erleben ihre glücklichste Zeit in ihren reifen Jahren, vor allem im Alter zwischen dreißig und fünfunddreißig. Sie sollten diese Jahre nutzen, um sich für die darauffolgende Zeit Glück und Harmonie zu sichern.

4 – Grün

Menschen, die in diesen Zeichen geboren sind, finden das Glück im mittleren Alter, aber es verblaßt wieder, wenn sie älter werden. Diese Periode sollte genutzt werden, um eine Basis zu schaffen, auf der das Glück fortbestehen kann.

7 – Rot

Menschen, die in diesen Zeichen geboren sind, werden relativ glücklich im mittleren Alter, aber dieses Glück ist flüchtig und kann leicht zerrinnen. Sie müssen in dieser Periode vorsichtig sein, denn wenn sie das Glück frühzeitig verlieren, müssen sie später mit großen Schwierigkeiten rechnen.

DER BÜFFEL

3 – Türkis

Diese Menschen haben im Alter zwischen zwanzig und dreißig Glück und Erfolg im Beruf, verlieren dieses Glück jedoch wieder im Alter zwischen fünfzig und sechzig. Sie sollten ihre jungen Jahre nutzen, um die Grundlage für dauerhaftes Glück zu schaffen.

6 – Weiß

Menschen mit dieser Zeichenkombination finden das Glück erst nach dem Alter von sechzig. Bis dahin ist nichts leicht für sie.

9 – Purpurrot

Im mittleren Alter können Beziehungen zum anderen Geschlecht die Zukunftsaussichten zunichte machen. Diese Menschen finden das Glück wieder in den darauffolgenden Jahren, und dann wird ihr Leben friedlich verlaufen.

DER TIGER

5 – Gelb

Menschen mit dieser Kombination haben einen besonders starken Charakter. Ihre glücklichste Zeit erleben sie im Alter zwischen vierundvierzig und fünfundvierzig und zwischen dreiundfünfzig und vierundfünfzig. Sie müssen an diesem Glück festhalten und es für ihr Alter bewahren.

2 – Schwarz

Die Jahre zwischen dreißig und vierzig sind bei diesen Menschen durch Energie, Erfolg und Fortkommen gekennzeichnet. Obwohl sie in dieser Zeit mühelos auf verschiedenen Gebieten erfolgreich sein können, ist es schwierig, diesen Erfolg zu bewahren. Nach dem Alter von fünfzig verläuft ihr Leben friedlich und harmonisch.

8 – Weiß

Menschen mit diesen Zeichen werden im Alter vom Glück verlassen. Sie sollten die Jahre zwischen vierzig und fünfzig und zwischen fünfzig und sechzig nutzen, um eine Grundlage zu schaffen, die ihnen später Sicherheit bieten kann.

DER HASE

1 – Weiß

Das Glück lacht diesen Menschen, wenn sie jung sind. Sie können im Alter um die zwanzig sehr viel Erfolg haben, verlieren diesen Erfolg aber schnell wieder. Sie sollten dafür sorgen, das Glück ihrer Jugend zu bewahren.

4 – Grün

Menschen mit diesen Zeichen sind im mittleren Alter von Glück gesegnet, aber dieses Glück ist nicht beständig. Wenn sie zögern und es verlieren, wird das Alter eine schwierige Zeit für sie.

7 – Rot

Menschen mit dieser Zeichenkombination sind im mittleren Alter anfällig für Krankheiten. Sie sollten sich schonen, da ihre Gesundheit ihre Karriere beeinträchtigen kann. Erst nach dem Alter von sechzig finden sie Stabilität und Glück.

DER DRACHE

3 – Türkis

Im mittleren Alter wechseln sich gute und schlechte Zeiten ab. Später, nach dem Alter von fünfzig, finden diese Menschen das Glück und müssen sich anstrengen, es für den Rest ihres Lebens zu bewahren.

6 – Weiß

Menschen mit dieser Zeichenkombination lacht das Glück im Alter zwischen vierzig und fünfzig. Danach müssen sie dieses Glück hegen, denn sonst werden düstere Jahre folgen.

9 – Purpurrot

Unabhängig von ihren Bemühungen erreichen Menschen mit dieser Zeichenkombination nicht viel vor dem Alter von vierzig. Der große Erfolg und das Glück kommt für sie erst im Alter von fünfzig.

Die Schlange

2 – *Schwarz*

Menschen mit diesen Zeichen haben in ihrer Jugend Glück. Sie kommen leicht zu Erfolg. Das Glück wartet im Alter von ungefähr vierzig auf sie.

5 – *Gelb*

Menschen mit diesen Zeichen sind zwischen dreißig und vierzig anfällig für Krankheiten und sollten sich schonen. Im Alter von vierzig finden sie unerwartetes Glück.

8 – *Weiß*

Diese Menschen sollten im mittleren Alter Stabilität erreichen. Sie finden das wahre Glück ab dem Alter von sechzig.

Das Pferd

1 – *Weiß*

In ihrer Jugend finden Menschen mit dieser Zeichenkombination unverhofftes Glück an einem Ort, der nicht ihr Geburtsort ist. Dennoch finden sie das wahre Glück erst nach dem Alter von fünfzig.

4 – *Grün*

Diese Menschen sind im mittleren Alter glücklich. Aufgrund ihrer Neigung zu Alkohol, Vergnügen und Liebesaffären können sie dieses Glück allerdings leicht wieder verlieren. Nach dem Alter von fünfzig finden sie das wahre Glück und sollten alles daran setzen, es zu bewahren, vor allem am Anfang, wenn es noch sehr zerbrechlich ist.

7 – Rot

Menschen mit diesen Zeichen finden nach dem Alter von fünfzig oder fünfundfünfzig das große Glück.

DAS SCHAF

3 – Türkis

Menschen mit diesen Zeichen verlieren leicht ihr Glück im Alter zwischen vierzig und fünfzig und machen häufig nahe Verwandte oder Freunde dafür verantwortlich. Im Alter bedeuten ihnen nahe Verwandte oder Kinder das große Glück.

6 – Weiß

Diese Menschen finden nach dem Alter von sechzig das große Glück.

9 – Purpurrot

Menschen mit diesen Zeichen arbeiten und leiden viel in ihrer Jugend. Das Glück kommt langsam zu ihnen im mittleren Alter und erreicht seinen Höhepunkt nach dem Alter von sechzig.

DER AFFE

2 – Schwarz

Ruhm und Erfolg warten auf diese Menschen im Alter zwischen dreißig und vierzig, das wahre Glück finden sie jedoch erst im Alter von ungefähr fünfundfünfzig. Dann erreichen sie wirklichen Seelenfrieden.

5 – Gelb

Menschen mit diesen Zeichen finden nach dem Alter von fünfundfünfzig das Glück und müssen alles daransetzen, um es zu bewahren.

8 – Weiß

Das Glück wartet auf diese Menschen im mittleren Alter. Im Alter ändert sich diese Situation jedoch, und sie müssen kämpfen, um zu verhindern, daß ihr Glück sie verläßt.

DER HAHN

1 – Weiß

Menschen mit diesen Zeichen finden Erfolg und Glück in ihrer Jugend, aber beides ist unsicher. Das wahre Glück wartet nach dem Alter von sechzig auf sie.

4 – Grün

Menschen mit dieser Zeichenkombination leiden im mittleren Alter. Das Glück kommt erst nach dem Alter von fünfundvierzig zu ihnen.

7 – Rot

Menschen mit diesen Zeichen können im mittleren Alter zu viel Geld kommen, und auch der berufliche Erfolg läßt nicht auf sich warten. Sie sollten darauf achten, das Geld, das sie verdient haben, nicht zu verschwenden, da die Gefahr besteht, daß das Alter keine leichte Zeit für sie sein wird.

DER HUND

3 – Türkis

Menschen mit diesen Zeichen verlassen früh ihre Familie und ihre Heimat. Sie werden sehr glücklich, nachdem sie das Alter von dreißig erreicht haben.

6 – Weiß

Im mittleren Alter sollten sich diese Menschen vor übermäßigem Genuß hüten, vor allem, was Alkohol und Liebesaffären angeht. Sie finden das wahre Glück erst nach dem Alter von fünfzig.

9 – Purpurrot

Menschen mit diesen Zeichen finden im mittleren Alter starke Unterstützung bei der Förderung ihrer Karriere, möglicherweise durch einen Sponsor. Danach finden sie Sicherheit.

DER EBER

2 – Schwarz

Menschen mit dieser Zeichenkombination kommen im Alter zwischen zwanzig und dreißig schnell nach oben, aber ihr schwieriger Charakter hindert sie häufig daran, das wahre Glück zu erreichen.

5 – Gelb

Diese Menschen sollten im Alter zwischen dreißig und vierzig vorsichtig sein, da diese Periode relativ gefährlich sein kann. Das Glück kommt zu ihnen im Alter zwischen fünfzig und sechzig.

Menschen mit diesen Zeichen erreichen im mittleren Alter das Glück, aber es bleibt ihnen nicht lange erhalten. Nach dem Alter von fünfzig wird ihr Glück stabiler, aber sie sollten dennoch darauf achten, daß es sie nicht wieder verläßt.

Wir wissen jetzt mehr über die einzelnen Tierzeichen und wollen nun mit Hilfe von Tabelle „Die Tierzeichen und ihre Kombinationsmöglichkeiten" auf der folgenden Seite feststellen, welche Zeichen zueinander passen. Menschen, deren Tierzeichen in der linken Spalte der Tabelle aufgeführt sind, passen zu den Menschen, deren Zeichen rechts in der Tabelle steht. Die in Klammern angegebenen Tierzeichen geben einen geringeren Verträglichkeitsgrad an.

Die Tierzeichen und ihre Kombinationsmöglichkeiten

Ratte	Affe, Drache, Büffel
Büffel	Schlange, Hahn, Ratte
Tiger	Pferd, Hund, (Eber)
Hase	Eber, Schaf, Hund
Drache	Affe, Ratte, Hahn
Schlange	Hahn, Büffel
Pferd	Tiger, Hund, Schaf
Schaf	Eber, Hase, Pferd
Affe	Ratte, Drache
Hahn	Büffel, Schlange, Drache
Hund	Pferd, Tiger, Hase
Eber	Hase, Schaf, (Tiger)

Geburtszeit und Tierzeichen

Die Geburtsstunde oder Geburtszeit kann auch dazu verwendet werden, den allgemeinen Verlauf der Aktivitäten eines Menschen zu bestimmen. Dieser Bereich der östlichen Astrologie ist jedoch außerordentlich komplex, so daß wir uns in diesem Buch mit einem kurzen Blick auf einige der Grundprinzipien begnügen.

Das System verwendet die fundamentalen Prinzipien der Polarität, Yin und Yang. Yin ist das „Negative", Passive und Weibliche, Yang das „Positive", Aktive und Männliche. „Negativ" und „positiv" bezeichnen hier keine Charaktereigenschaften, sondern Konzepte wie Introvertiertheit und Abnahme (im Falle des Negativen) sowie Extrovertiertheit und Zunahme (im Falle des Positiven).

Ein in den Stunden des Yin geborener Mensch ist vorwiegend passiv und heiter. Die Energie der während dieser Zeit geborenen Menschen ist vorwiegend nach innen gerichtet. Ein in den Stunden des Yang geborener Mensch ist aktiv und will erobern. Die Energie der während dieser Zeit geborenen Menschen ist nach außen gerichtet.

Die Yin-Stunden umfassen die Zeitspanne von 11.00 bis 23.00 Uhr, die Yang-Stunden die Zeitspanne von 23.00 bis 11.00 Uhr.

Das sind die allgemeinen Anhaltspunkte für menschliche Aktivitäten, wie sie mit der Geburtszeit in Zusammenhang stehen. Darüber hinaus werden verschiedene Tageszeiten durch Tierzeichen symbolisiert. Anhand folgender Tabelle kann das Tierzeichen im Zusammenhang mit der Geburtszeit eines Menschen festgestellt werden.

Geburtszeit und Tierzeichen

Geburtszeit	Tierzeichen
00.00 - 01.00	Ratte
01.00 - 03.00	Büffel
03.00 - 05.00	Tiger
05.00 - 07.00	Hase
07.00 - 09.00	Drache
09.00 - 11.00	Schlange
11.00 - 13.00	Pferd
13.00 - 15.00	Schaf
15.00 - 17.00	Affe
17.00 - 19.00	Hahn
19.00 - 21.00	Hund
21.00 - 23.00	Eber
23.00 - 00.00	Ratte

Diese Tierzeichen haben die gleichen Eigenschaften wie die Tierzeichen, die auf das Geburtsjahr einer Person bezogen sind. Der einzige Unterschied dabei ist, daß zum Beispiel ein im Jahr der Ratte geborener Mensch diese angeborenen Charakterzüge oder Eigenschaften sein ganzes Leben lang behält, während ein in der Stunde der Ratte geborener Mensch diese Eigenschaften nur in seinen Aktivitäten entfaltet.

Anstelle eines Schlußwortes

Wir nähern uns nun dem Ende unserer Studien von Kigaku. Mit diesem Buch haben wir versucht, so kurz und genau wie möglich darzustellen, was die japanische Astrologie zu den neun Sternen zu sagen hat. Sie verstehen nun sicher besser, warum in Ihren Beziehungen zu anderen sich manches so verhält und nicht anders. Sie können auch die Beschaffenheit zukünftiger Beziehungen bestimmen und auf diese Weise unerfreuliche und unangenehme Situationen vermeiden.

Der erste Teil dieses Buches und die Anleitung für den Umgang mit den Tabellen 1 und 2 sowie mit Abbildung 1 ist als Einstieg gedacht. Mit ein wenig zusätzlicher Mühe, Geduld und Vorstellungsvermögen werden Sie bald ein Verständnis für die subtileren Aspekte von Kigaku entwickeln. Sie werden nach und nach entdecken, wie Sie dieses Wissen auf sich selbst und Ihre Umgebung anwenden können. Wenn Ihnen die Geburtsdaten einer Person bekannt sind, können Sie sogar ein Verständnis für Ereignisse entwickeln, die Sie nicht direkt erlebt haben.

Auf den folgenden Seiten finden Sie Informationen über andere astrologische Systeme, die nicht auf Kigaku basieren, aber dennoch eng mit allem zusammenhängen, was bisher erläutert wurde.

Anhang 1

Die Jahreszeiten des Kaisers

Dies ist eine der ältesten Formen von Astrologie, die auf Zeiten großer kultureller Entwicklungen im alten China zurückgeht. Sie wird als die „Jahreszeiten des Kaisers" bezeichnet, da sie die Zeichnung eines chinesischen Kaisers verwendet, an dessen Körper die Tierzeichen an verschiedenen Stellen angegeben sind. Das System verwendet vier gleiche Zeichnungen desselben Kaisers, jedoch befinden sich die Tierzeichen auf allen vier Zeichnungen an verschiedenen Stellen.

Zeichnung 1 wird für im Frühjahr geborene Personen verwendet, Zeichnung 2 für im Sommer geborene, Zeichnung 3 für im Herbst geborene und Zeichnung 4 für im Winter geborene Personen.

Die Chinesen teilen das Jahr auf eigene Art und Weise in Jahreszeiten ein:

Frühjahr:	04.02. – 04.05.
Sommer:	05.05. – 06.08.
Herbst:	07.08. – 06.11.
Winter:	07.11. – 03.02.

Wenn Sie die „Jahreszeiten des Kaisers" verwenden, wählen Sie die Zeichnung nach der Jahreszeit aus, in der die betreffende Person geboren wurde, und stellen dann fest, an welcher Stelle auf der Zeichnung sich das Tierzeichen dieser Person befindet.

Kopf

Menschen, deren Tierzeichen sich am Kopf der Kaisers befinden, haben eine sehr starke Persönlichkeit und verfügen über großes persönliches Glück und ein gutes Schicksal. Diese Menschen sind beliebt bei Herrschern, Regierenden, Führungspersonen und herausragenden Persönlichkeiten. Aus diesem Grund steigen sie auf der Erfolgsleiter schnell nach oben.

Sie werden allgemein geachtet und erreichen schnell leitende Positionen. Nur Mißgunst kann ihnen den Weg zum Erfolg versperren. Diese Menschen müssen sorgfältig darauf achten, Gleichgestellte gut zu behandeln und nicht zu übervorteilen, denn das Glück kann sie verlassen. Sie sind selten arm und haben oft ein langes Leben.

Schultern

Menschen, deren Tierzeichen sich an den Schultern des Kaisers befinden, haben ebenfalls sehr viel Glück. Es fällt ihnen leicht, Gefahren und Unglück zu vermeiden, obwohl sie in ihrer Jugend viel leiden. Die Reife bringt ihnen das vollkommene Glück, und sie können die Früchte der Anstrengungen ihrer jungen Jahre ernten.

Sie sind begabt für die Landwirtschaft oder alle Berufe, bei denen etwas erzeugt wird. Sie können leicht reich werden und ihre Vieh- und Schafherden und die Anzahl ihrer Pferde vervielfachen.

Diese Menschen haben keine enge Beziehung zu ihren Eltern oder Geschwistern. Frauen, deren Zeichen sich in dieser Position befinden, kommen relativ leicht zu Wohlstand, indem sie möglicherweise einen älteren Mann heiraten.

Hände

Menschen, deren Tierzeichen sich an den Händen des Kaisers befinden, sind von früher Jugend an geschickt mit ihren Händen. Es steht in den Sternen geschrieben, daß sie die Möglichkeit haben, große Künstler zu werden. Mit anderen Worten, sie werden nicht einfach nur Künstler, sondern Künstler, die Anerkennung finden. Sie sind allgemein beliebt und heben sich in der Regel von der Menge ab.

Sie sind empfänglich für Herzensangelegenheiten, und wenn sie sich dabei zu stark engagieren, verläuft ihr Leben nicht erfolgreich. Wenn sie es schaffen, ihre Sehnsüchte unter Kontrolle zu bekommen, klettern sie auf der sozialen Leiter ganz nach oben.

Frauen, deren Zeichen sich in dieser Position befindet, lieben die Musik. Sie können berühmte Musikerinnen werden und mit ihrem Talent ihren Lebensunterhalt bestreiten.

Verdauungsorgane

Menschen, deren Tierzeichen sich über den Verdauungsorganen des Kaisers befinden, haben die Möglichkeit, reich zu werden. Sie sind ausgezeichnete Verwaltungsfachleute und Organisatoren.

Sie sind aggressiv und dynamisch, werden aber von Problemen verfolgt. Sobald ein Problem gelöst ist, taucht bereits das nächste auf. Sie können keine vollkommene Harmonie in der Ehe erreichen, unabhängig davon, ob der Partner gut oder weniger gut paßt. Sie neigen zur Überbetonung ihrer Charakterzüge, und dies kann ihnen Unglück bringen. Sie sollten sich in Zurückhaltung üben.

Im Frühjahr geborene Menschen

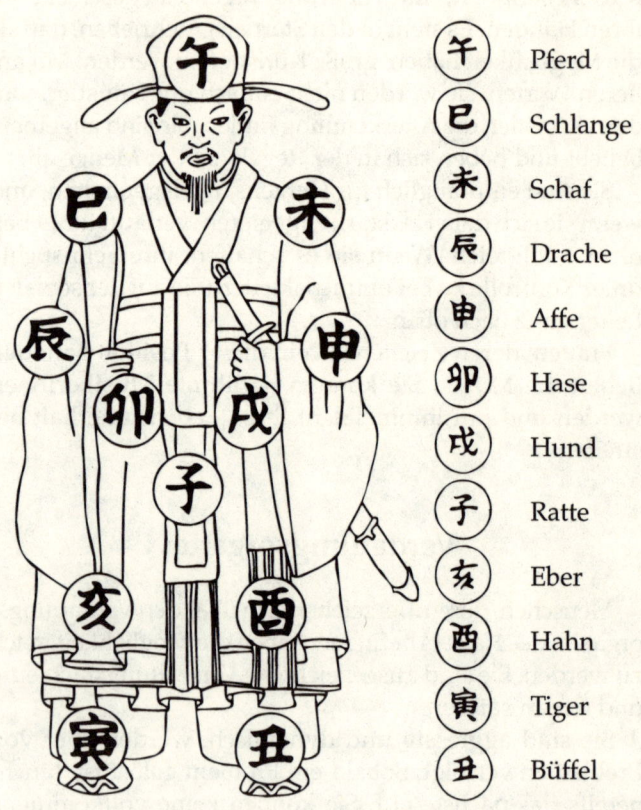

午 Pferd
巳 Schlange
未 Schaf
辰 Drache
申 Affe
卯 Hase
戌 Hund
子 Ratte
亥 Eber
酉 Hahn
寅 Tiger
丑 Büffel

Frühjahr: 4. Februar bis 4. Mai

Im Sommer geborene Menschen

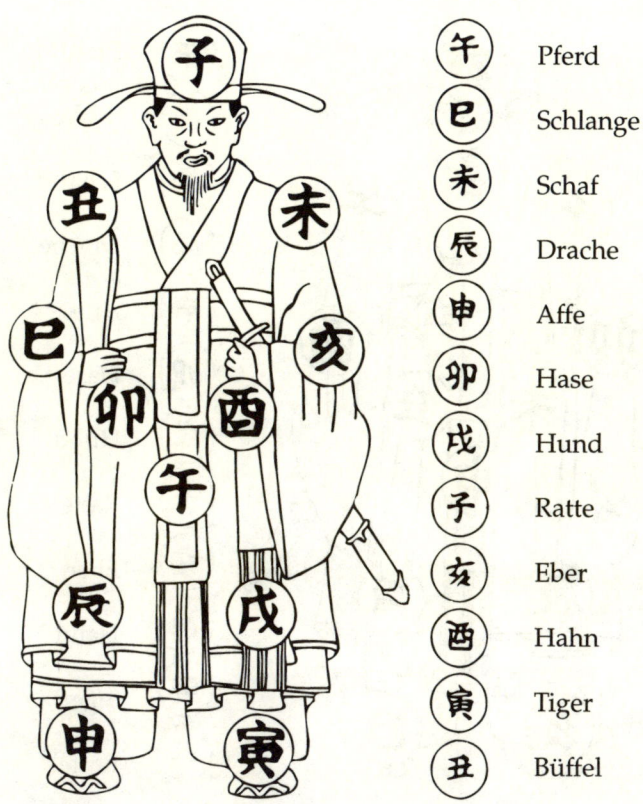

Sommer: 5. Mai bis 6. August

Im Herbst geborene Menschen

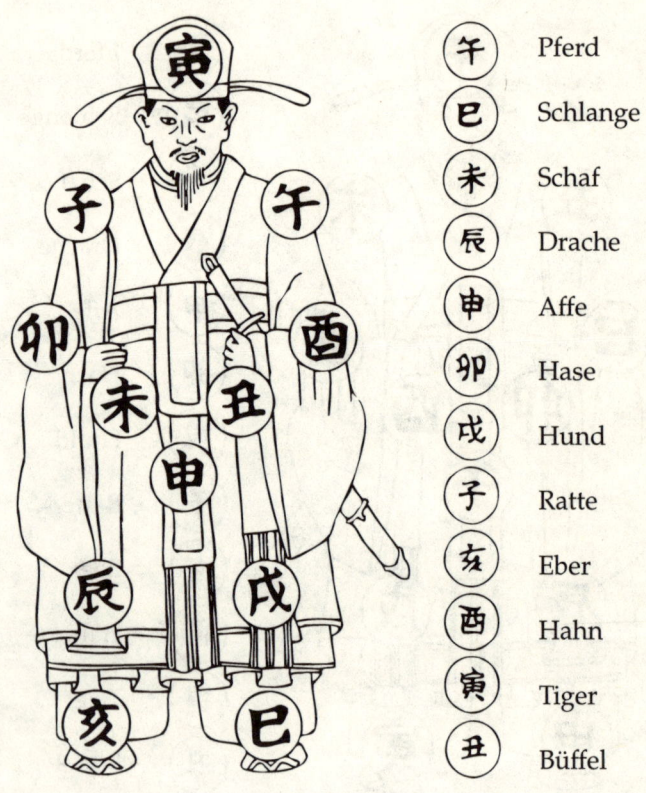

Herbst: 7. August bis 6. November

Im Winter geborene Menschen

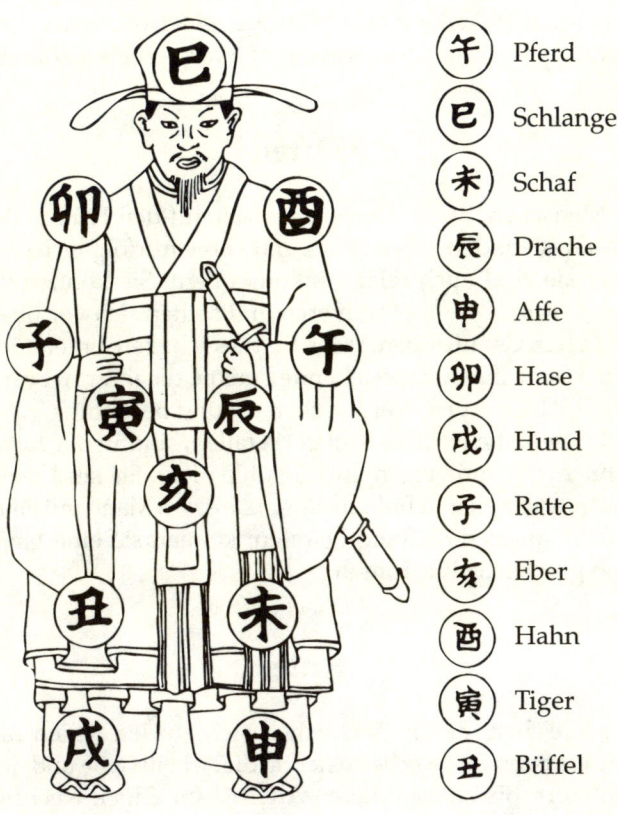

Winter: 7. November bis 3. Februar

Frauen, deren Zeichen sich in dieser Position befindet, sind in der Regel freundlich, sanft und allgemein beliebt. Sie können sich gut verheiraten, aber ihre Beziehungen zu ihrer Familie und ihren Freunden werden manchmal durch ihre Kleinlichkeit beeinträchtigt. Sie sollten dieser Tendenz entgegenwirken, da sie sonst ihr Glück verlieren können.

Hüften

Menschen, deren Tierzeichen sich auf den Hüften des Kaisers befindet, haben Glück und können erfolgreich sein, aber sie sind auch relativ inkonsequent. Sie können ihr Leben durch Alkohol ruinieren und sollten sich vor übermäßigem Genuß hüten. Wenn Sie dies schaffen, unterstützt durch eine ihnen nahestehende Person, die ihrer Achtung und Liebe wert ist, werden sie reich und berühmt.

Frauen, die in diese Kategorie fallen, sind in der Regel schüchtern und zeigen ihre Gefühle nicht. Sie sind meist gut gewachsen und hübsch. Wenn sie einen Mann mit einer hohen sozialen Stellung heiraten, können sie eine lange und glückliche Ehe führen.

Knie

Menschen, deren Tierzeichen sich an den Knien des Kaisers befinden, wechseln häufig die Arbeitsstelle und den Wohnort. Bis zum mittleren Alter ist ihr Glück wechselhaft. Wenn sie ihre Eltern genug ehren, finden sie im mittleren und reifen Alter das Glück. Sie können außerdem reich und geachtet werden und ein harmonisches Leben führen.

Frauen in dieser Kategorie haben häufig Probleme mit Krankheiten der Körperteile von den Hüften nach unten.

Füße

Menschen, deren Tierzeichen sich auf den Füßen des Kaisers befinden, verlassen früh ihr Elternhaus und ihre Heimat. In ihrer neuen Umgebung finden sie schnell Freunde und werden von bekannten Persönlichkeiten unterstützt. Mit der Zeit werden sie selbst berühmt. Ihre erste Ehe ist meist nicht von Dauer.

Frauen mit diesen Zeichen haben viele Probleme und leiden von früher Jugend an.

Anhang 2

Der Rhythmus der Lebenszyklen

Der „Rhythmus der Lebenszyklen" ist eine sehr alte Methode, um zu bestimmen, welche Jahre für verschiedene Aktivitäten günstig sind.

Diese Methode ähnelt den modernen Erkenntnissen des Biorhythmus, konzentriert sich jedoch auf Jahre und nicht auf Tage. Mit diesem System können die Jahre bestimmt werden, die für große Projekte günstig sind oder in denen dies nicht der Fall ist. Es ist sogar möglich, die Jahre zu bestimmen, in denen es sich empfiehlt, Pläne für Projekte zu machen, deren Ausführung erst zu einem späteren Zeitpunkt erfolgen sollte.

Diejenigen, die das System des Rhythmus der Lebenszyklen entwickelt haben, waren davon überzeugt, daß das Leben der Menschen, genauso wie die Natur, einem Rhythmus unterliegt. Die erste Periode ist die des Säens und Pflanzens. Das ist das erste Lebensjahr des zarten Geschöpfes, aus dem sich nach und nach eine Person entwickelt.

Im zweiten Jahr wird das Kleinkind kräftiger, genauso wie eine Pflanze kräftigere Wurzeln bekommt und sich damit im Boden verankert. Im dritten Jahr entwickelt die Pflanze ihr volles Wachstum, und das Kind nimmt allmählich wahr, was in seiner Umgebung geschieht. Im vierten Jahr kommt die Blütezeit. Das Kind wächst und gedeiht, spricht verständlich und nimmt aktiv am Familienleben teil. Im fünften Jahr kommt die Pflanze zur Reife. Das Kind ist fähig, Konzepte und Ideen aufzunehmen, und bereitet sich auf die Zeit vor, in der es ein verantwortliches Mitglied der Gemeinschaft sein wird.

Im sechsten Jahr ruht die Pflanze. Das Kind kommt in die Schule, übernimmt eine Vielzahl von Pflichten und verliert die ursprüngliche Unschuld der frühen Kindheit. Das Kind beginnt auf diese Weise die erste Phase der Reife. Dies ist der wesentliche Hintergrund der Lebenszyklen. Das heißt, jeder Lebenszyklus umfaßt sechs Jahre und besteht aus einer Zeit der Säens, des Wurzeltreibens, des Wachsens, des Blühens, der Reife und schließlich der Ruhe.

Der erste Lebenszyklus endet mit dem sechsten Jahr und wird in 6-Jahres-Zyklen fortgesetzt. Anhand der folgenden Tabelle können Sie feststellen, welches Jahr für welche Art von Projekt und Aktivität günstig ist. Die erste Spalte enthält die Jahre, in denen nur der Samen für zukünftige Aktivitäten ausgesät werden kann, jedoch nichts unternommen werden sollte. Die zweite und dritte Spalte enthält die Jahre, die für konkretes Handeln und das Beginnen von Projekten ideal sind. Die vierte Spalte enthält die Jahre, wenn ein Projekt in vollem Gange sein und nach Plan verlaufen sollte. Die fünfte Spalte gibt die Jahre der Reife an, wenn das Projekt seinen Höhepunkt erreicht. Die sechste Spalte schließlich enthält die Jahre, in denen die Dinge sich selbst überlassen werden sollten.

Wenn ein Projekt bis zum sechsten Jahr nicht erfolgreich abgeschlossen werden konnte, sollten weitere Versuche bis zur Wiederkehr des zweiten oder dritten Jahres des Zyklus eingestellt werden.

Diese Tabelle ist allgemein gültig und sehr leicht anzuwenden. Sie zeigt zum Beispiel, daß im Leben eines Menschen das 25., 26. und 27. Lebensjahr sehr günstig ist, um etwas zu beginnen, daß jedoch im 28., 29. und 30. Jahr nichts unternommen werden sollte. Denn dann wird das bereits Begonnene weitergeführt und erreicht sein maximales Potential, aber jeder sollte sich hüten, in diesen Jahren etwas Neues zu beginnen.

Der Rhythmus der Lebenszyklen steht nicht immer in Einklang mit der Lehre von Kigaku, aber ein Blick auf unser eigenes Leben sollte uns davon überzeugen, daß es sich lohnt, sich mit diesem System näher zu befassen.

Der Rhythmus der Lebenszyklen

Säen	Wurzeln schlagen	Wachsen	Blüte	Reife	Ruhen
1	2	3	4	5	6
7	8	9	10	11	12
13	14	15	16	17	18
19	20	21	22	23	24
25	26	27	28	29	30
31	32	33	34	35	36
37	38	39	40	41	42
43	44	45	46	47	48
49	50	51	52	53	54
55	56	57	58	59	60
61	62	63	64	65	66
67	68	69	70	71	72
73	74	75	76	77	78
79	80	81	82	83	84
85	86	87	88	89	90

Anhang 3

Die Himmelsrichtungen und das Schicksal von Häusern

Genauso wie Menschen über *ki* verfügen, die spirituelle Energie, die ihr Leben formt, können auch Gebäude so konstruiert werden, daß diese universelle Kraft eine positive oder negative Wirkung entfalten kann. Kigaku lehrt, daß die Art und Weise, wie ein Haus gebaut wird, den darin lebenden Menschen Glück oder Unglück bringen kann.

Vor einiger Zeit veröffentlichte ein Grundstücksmakler in der bekannten japanischen Zeitung *Asahi Shinbun* eine Anzeige, die eine ganze Seite einnahm. Außer den üblichen Zeichnungen und Informationen über die angebotenen Wohnungen enthielt die Anzeige fettgedruckt das Wort Kaso, das wörtlich übersetzt „Aussehen des Hauses" bedeutet, das sich jedoch in Wirklichkeit auf dessen spirituellen Charakter bezieht. Die Anzeige ging auch auf die Grundregeln ein, die beim Bau eines Hauses beachtet werden sollten. Das Unternehmen wollte auf diese Weise potentielle Käufer davon in Kenntnis setzen, daß beim Bau außer den üblichen Anforderungen auch den Regeln von Kigaku Beachtung geschenkt wurde und daß deshalb ihre Häuser der Gesundheit zuträglicher seien als die ihrer Konkurrenten. Wir wollen nun einige dieser Prinzipien näher betrachten.

Leser dieses Buches, die ja an Astrologie interessiert sind, sind vielleicht bereits irgendwann einmal einem Achteck mit asiatischer Inschrift begegnet. Hoizu oder hoiban, wie diese Achtecke in Japan genannt werden, stellen die Verbindung zwischen den Himmelsrichtungen und der richtigen Wahl der Schicksale her. *Hoizu* haben nicht immer die gleiche Form und enthalten auch nicht immer die gleichen Ideogramme.

Experten von Kigaku zeichnen für jedes Zeichen, Geburtsjahr, ja selbst für jedes Jahr, jeden Monat oder Tag ein separates Achteck. Die Erde dreht sich, genauso wie die Planeten und die Sterne, und diese ändern ihre Position relativ zu uns. Das gilt auch für die Beziehungen zwischen den Himmelsrichtungen, den Schicksalen und deren Kombinationen.

Ein Achteck hat acht Seiten, wobei jede Seite für eine Himmelsrichtung steht: Norden, Osten, Süden, Westen,

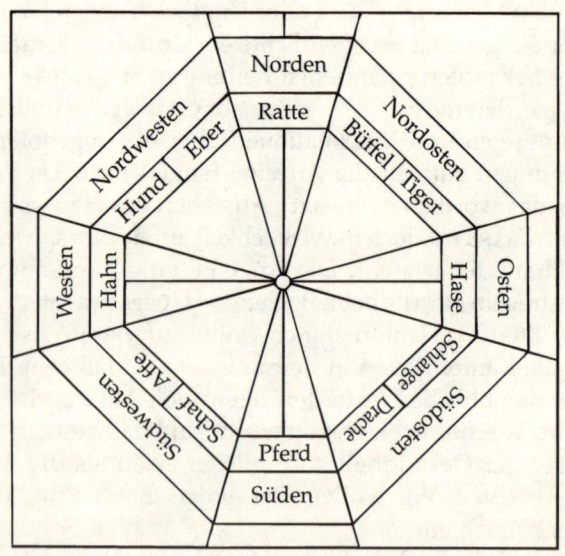

Nordosten, Südosten, Südwesten und Nordwesten. Jede dieser Himmelsrichtungen hat eine japanische Bezeichnung, die einem Tierzeichen entspricht. Da es acht Himmelsrichtungen und zwölf Tierzeichen gibt, werden einigen Himmelsrichtungen zwei Tierzeichen zugeordnet.

Dem Norden ist die Ratte zugeordnet, dem Nordosten der Büffel und der Tiger, dem Osten der Hase, dem Südosten der Drache und die Schlange, dem Süden das Pferd, dem Südwesten das Schaf und der Affe, dem Westen der Hahn und dem Nordwesten der Hund und der Eber.

Dabei fällt sofort auf, daß den vier großen Himmelsrichtungen nur ein Tierzeichen zugeordnet wird, und das bedeutet, daß der Einfluß der Zeichen auf diese Himmelsrichtungen klarer umrissen und einfacher ist.

Der Nordosten wird durch den Büffel und den Tiger symbolisiert, diese Himmelsrichtung wird jedoch auch als Kimon, die Tür des Teufels, bezeichnet. Nach den Lehren über die Beziehungen zwischen Himmelsrichtungen und Schicksal ist Nordosten die gefährlichste Himmelsrichtung, die bei allen Aktivitäten des Lebens besonders beachtet werden sollte. Kimon ist der empfindlichste Teil des Hauses, und beim Bau muß darauf geachtet werden, daß mit Wasser verbundene Installationen wie Toiletten und Bäder nicht nach Nordosten gehen.

Während der Edo-Periode (vom 17. Jahrhundert bis zur ersten Hälfte des 18. Jahrhunderts) lag der Eingang eines Gebäudes in der Regel nach Südosten und war durch einen Dachvorsprung gekennzeichnet, die Speisekammer oder der Vorratsraum dagegen war in einem nach Nordosten gehenden Erker untergebracht. In Japan wird dies als *Tatsumi genkan inui ni kura* bezeichnet, was wörtlich übersetzt „Der Haupteingang dem Drachen und der Schlange, die Speisekammer dem Hund und dem Eber" heißt. Damals glaubte man, daß solche Häuser ein gutes Kaso haben.

Wenn genug *ki* vorhanden ist, erfreut sich ein Haus

dauerhaften Glücks. Wenn nicht genug *ki* vorhanden ist, wird das Haus zwangsläufig unglücklich. Häuser voller Kinder und Vitalität und mit vielen Gästen gelten als glückliche Häuser.

Wir wollen nun vor dem Hintergrund dieser Grundprinzipien einige der grundlegenden Regeln betrachten, die in Japan beim Bau eines Hauses häufig befolgt werden. Dabei ist zu beachten, daß diese Regeln nicht einfach auf astrologischen Prinzipien basieren, sondern konkrete, praktische Aspekte des Wohnens und Lebens in einem Heim darstellen:

★ Die Küche darf nie auf der Südwestseite eines Hauses liegen. Eine Küche auf dieser Seite des Hauses bekommt morgens nicht genug Licht. Am späten Nachmittag und Abend dagegen ist sie übermäßig stark der untergehenden Sonne ausgesetzt. In der Wärme verderben Lebensmittel rascher, Bakterien vermehren sich schneller, und der Geruch kann sich im ganzen Haus ausbreiten.

★ Der Raum für alte Familienmitglieder sollte auf der Südostseite des Hauses liegen. Da alte Menschen früh aufstehen, können sie auf diese Weise den Sonnenaufgang genießen, was für sie eine Quelle der Kraft und eine starke Verbindung mit dem Leben sein kann. Die Sonne scheint während der meisten Zeit des Tages in den Raum, aber bei Sonnenuntergang entwickelt sie keine übermäßig starke Wärme. Wenn der Raum auf einen Garten hinausgeht, werden sich die Bewohner eines solchen Raumes sehr wohl und glücklich fühlen.

★ Wenn es in einem Haus zu viele kleine Räume gibt, bringt dies den Bewohnern Unglück. Selbst wenn die Räume nur spärlich möbliert sind, wirken sie immer zu voll, und niemand fühlt sich richtig wohl. Wegen der vielen Wände ist die Luft in solchen Häusern häufig abgestanden und ungesund.

★ Räume, die selten verwendet werden, wie zum Beispiel der Raum für die Teezeremonie in Japan oder in westlichen Ländern das Gästezimmer, sollten nicht im südwestlichen Teil des Hauses liegen. Dieser Teil sollte Räumen vorbehalten bleiben, in denen täglich viel Zeit verbracht wird, wie das zum Beispiel bei einem Wohnzimmer der Fall ist.

★ Ein Haus, bei dem die meisten Räume nach Westen gehen, ist ein glückliches Haus. Das Wohnzimmer in einem solchen Haus sollte entweder nach Westen oder Südwesten gehen, und der Garten nach Osten. Wenn diese Regeln befolgt werden, scheint die Sonne morgens in das Haus, und die Räume heizen sich bei Sonnenuntergang nicht zu stark auf. Im Sommer kommen die Winde in der Regel aus dem Süden und dem Osten, so daß die Räume eines solchen Hauses gut durchlüftet sind. Im Winter kommt der Wind gewöhnlich aus dem Norden, und da es auf dieser Seite des Hauses nur wenige Öffnungen gibt, kann die Kälte nicht in die Räume eindringen.

★ Beim Entwurf eines Hauses empfiehlt es sich, zuerst die Lage des Wohnzimmers oder des Raumes festzulegen, in dem die meiste Zeit verbracht wird.

★ Auch der Gesamteindruck des Hauses ist sehr wichtig. Zu viele Vorsprünge, nicht nur am Sockel des Hauses, sondern auch an den Wänden oder am Dach, sollten vermieden werden, vor allem wenn sie im Vergleich zum übrigen Haus auffallend groß sind. Es ist besonders unheilvoll, wenn sich die Aussparungen im nordöstlichen oder südwestlichen Teil des Hauses befinden. Wenn der Vorsprung oder die Aussparung nur einen kleinen Teil der gesamten Fläche eines Hauses ausmacht, das heißt weniger als ein Drittel der Gesamtfläche, ist diese Abweichung zu klein, um sich auf die Wohnbedingungen auszuwirken. Wenn sie jedoch größer sind, ist das Haus zum Wohnen nicht geeignet, da dann wahrscheinlich die natürliche Beleuchtung der Innenräume unzureichend, die Durchlüftung mangelhaft und die Kommunikation zwischen den Räumen behindert ist.

★ Fenster und Türen eines Hauses sollten so geplant werden, daß die Durchlüftung entlang von Geraden erfolgt, die zwischen Norden und Süden verlaufen. Große Fenster sollten so geplant werden, daß die ersten nach Osten gehen und die darauffolgenden nach Südosten, Süden und Südwesten. Sie dürfen nie nach Westen gehen. Eine gute Durchlüftung ist der Schlüssel für gesunde Wohnbedingungen.

★ Auch Gärten haben einen Einfluß auf die Wohnbedingungen. In einem Garten dürfen keine großen Bäume stehen, da diese die Gartenfläche verkleinern und verhindern, daß die Sonne das Haus und die übrige Vegetation erreicht. Wenn die Blätter eines großen Baumes fallen, bedecken sie eine zu große Bodenfläche und ersticken alles, was sich darunter befindet. Die Hauswände sollten nicht mit Kletterpflanzen bedeckt sein, da diese das „Atmen" der Wände verhindern. Sie bedecken die Außenwände unregelmäßig und vermindern den Lichteinfall und die Durchlüftung.

★ Das Erdgeschoß sollte einen beträchtlichen Abstand zum Erdboden haben. Häuser, bei denen das Erdgeschoß keinen ausreichenden Abstand zum Boden hat, sind feucht. Häuser dagegen, bei denen der Abstand groß genug ist, sind in der Regel gut durchlüftet.

★ Bei einem Holzhaus sollte der Länge nach geschnittenes Holz verwendet werden. Dies gilt besonders für die Teile des Hauses, die große Druckkräfte aufnehmen müssen.

★ Ein großer, an der Südseite des Hauses vorstehender Dachvorsprung ist gut für das Haus. Er schützt vor zu starker Sonneneinstrahlung, und die Fenster auf dieser Seite können selbst bei Regen offenbleiben, so daß immer eine gute Durchlüftung gewährleistet ist.

★ Ein großes und geräumiges Haus, in dem nur wenige Menschen wohnen, ist kein glückliches Haus. Ein zu großes Haus bedeutet für die Hausfrau viel Arbeit. Es gibt in einem solchen Haus kein Leben, da es nicht zur Aktivität anregt. Die nicht bewohnten Räume verkommen.

★ Wie bereits erwähnt, achten Planer und Konstrukteure, die das Kaso eines Hauses berücksichtigen, sorgfältig darauf, daß Toiletten, Küchen und Bäder nicht seitlich neben Kimon („Tür des Teufels") und Urakimon (wörtlich „die hintere Tür des Teufels") liegen. Im Nordosten scheint die Sonne spärlich, so daß Feuchtigkeit lange im Haus bleibt. Im Südwesten scheint die Sonne den ganzen Nachmittag, so daß sich Gerüche verstärken und Lebensmittel schnell verderben, wenn sich die Küche auf dieser Seite des Hauses befindet.

★ Vorsicht ist auch geboten, wenn ein Haus auf steilem Gelände gebaut wird. Es ist nicht ratsam, ein Haus auf oder am Fuße einer steil abfallenden Böschung zu bauen. Häuser sollten auch nicht in der Nähe großer Wasserflächen gebaut werden.

Kaso und Schicksal

Viele Kaso-Experten sind heute der Meinung, daß das Quadrat und das Rechteck vollkommene Formen für ein Haus sind, jedoch wird diese Meinung von denjenigen in Frage gestellt, die die alten Architekturstile der Edo-Periode bevorzugen.

Weiter oben wurde festgestellt, daß Vorsprünge, die kleiner als ein Drittel der Gesamtfläche des Hauses sind, das Glück dieses Hauses nicht bedrohen. Außerdem glauben einige Kaso-Experten, daß ein Vorsprung auf der Ostseite des Hauses von Selbstbewußtsein und Vitalität zeugt und daß erfolgreiche Menschen in solchen Häusern geboren sind.

Außerdem sollen auch erfolgreiche Geschäftsleute, das heißt Menschen, die über viel Geschick im Umgang mit Geld verfügen oder darin, die richtigen Sponsoren für ihre Projekte zu finden, in Häusern mit einem Vorsprung auf der Südostseite geboren worden sein.

Hier noch einige weitere Regeln für die Beziehung zwischen einem Haus und seinen Bewohnern:

★ Experten, die die Architektur der Edo-Periode bevorzugen, sind der Meinung, daß Häuser mit einem kleinen Vorsprung auf der Südseite Menschen hervorbringen, die sich in ihrer Umgebung hervortun. Sie übernehmen häufig führende Positionen in der Gemeinschaft und können effizient Verantwortung übernehmen.

★ Wenn der Vorsprung nach Südwesten geht, handelt es sich nur dann um ein glückliches Haus, wenn viele Frauen darin leben. Männer sterben in solchen Häusern früh und lassen Witwen zurück. Auch die Töchter werden früh Witwen, da die Schwiegersöhne kein langes Leben haben.

★ Wenn der Vorsprung nach Westen geht, ist im Haus immer genug Nahrung und Geld vorhanden. Die Bewohner eines solchen Hauses haben viele Freunde. Sie verstehen es, die Menschen in ihrer Umgebung für ihre Zwecke zu nutzen. Sie werden jedoch auch Gegenstand von Gerüchten und Klatsch, da einige sie möglicherweise um ihr Glück beneiden.

★ Berühmte Menschen werden in Häusern mit einem Vorsprung auf der Nordseite geboren. Sie verstehen es, Reichtümer zu erwerben, und sie verstehen es noch besser, diese geschickt zu nutzen, sowohl für ihre eigenen Zwecke als auch für die Zwecke anderer.

★ Wenn sich im nordöstlichen Teil eines Hauses ein Vorsprung befindet, werden die Bewohner dieses Hauses geizig. Die Eltern und Kinder können häufig keine solide Beziehung aufbauen. Es kommt oft zu Auseinandersetzungen.

★ Eine Aussparung auf der Ostseite des Hauses führt zum Verlust von *ki*. Den Bewohnern eines solchen Hauses mangelt es an Vitalität. Die Kinder werden entweder mit einer Behinderung geboren oder sind kränklich und verlassen früh das Elternhaus.

★ Wenn sich eine Aussparung auf der Südostseite befindet, kommt es für die Bewohner eines solchen Hauses häufig zu unglücklichen Zwischenfällen. Das Haus erlebt öfter Unglücksfälle wie Brände und so weiter. Die Bewohner eines solchen Hauses haben kein Glück im Umgang mit Dokumenten, gleichgültig, ob diese persönlicher oder amtlicher Natur sind.

★ Wenn das Haus auf der Südwestseite eine Aussparung aufweist, hat die Ehefrau oder Mutter ein kurzes Leben, und die Familie bricht bald auseinander. Menschen, die aus solchen Häusern stammen, haben immer Probleme, vor allem in bezug auf Grundbesitz. Sie haben kein Glück bei geschäftlichen Transaktionen, insbesondere wenn bei großen Geldsummen.

★ Wenn die Aussparung nach Westen geht, bringt eine junge Braut, die in ein solches Haus kommt, dem Haus Unglück, und auch sie selbst bleibt von Unglücksfällen nicht verschont. Die Hausbewohner sind häufig rücksichtslos und geben viel Geld für Nichtigkeiten aus. Sie verleihen auch leicht Geld an Leute, von denen sie wissen, daß diese es nicht mehr zurückzahlen.

★ Wenn die Aussparung nach Nordwesten geht, hat der

Mann, der in einem solchen Haus wohnt, häufig Schwierigkeiten mit Vorgesetzten. Er hat meist kein langes Leben, und selbst wenn er ein langes Leben hat, bringt er seinen Mitbewohnern kein Glück.

★ Wenn die Aussparung auf der Nordseite liegt, sind einige der Bewohner des Hauses ständig krank. Die Ehefrau oder Mutter leidet an den üblichen Frauenkrankheiten. Liebesaffären außerhalb des Hauses zerstören das Familienglück, und ein solches Haus wird häufig von Dieben heimgesucht.

★ Wenn die Aussparung auf der Nordostseite liegt, sind die Frauen in diesem Haus oft unfruchtbar und müssen Kinder adoptieren. Verwandte schleichen sich in das Haus ein und nehmen alles Wertvolle mit.

Besondere Beachtung sollte auch den Kinderzimmern geschenkt werden. Da sich das Schicksal von Kindern von Geburt an entwickelt, ist es außerordentlich wichtig, an welchem Ort sie schlafen und lernen. Wenn Sie möchten, daß Ihr Kind in der Schule gut ist und problemlos heranwächst, müssen Sie dafür sorgen, daß das Kinderzimmer nicht auf der Nordwestseite des Hauses liegt. Denn ein Zimmer in einer solchen Lage ist zwangsläufig feucht und der Gesundheit abträglich, und wirkt sich deshalb nachteilig auf die Gesundheit und Disposition des Kindes aus.

Ein Kinderzimmer sollte nach Südwesten gehen. Ein solches Zimmer ist ruhig, und das Kind lernt zu denken und nachzudenken. Der Schreibtisch des Kindes sollte nach Norden gehen.

Die Regeln für die Anordnung der Räume in einem Haus können auch auf Geschäftsräume angewendet werden. Die Anordnung der Büros in einem Firmengebäude ist außerordentlich wichtig für die Zukunft des Unternehmens. Wenn beispielsweise das Büro des Direktors nach Südosten geht, wird das Unternehmen wenig Erfolg haben und nur unter Schwierigkeiten wachsen. Der Südosten ist die beste Seite des Gebäudes, so daß der Direktor durch diese Annehmlichkeit abgelenkt wird und die erforderliche Zielstrebigkeit verliert. Die gute Lage seines Büros erregt außerdem den Neid der Angestellten, und die mangelnde Harmonie führt innerhalb kurzer Zeit zu finanziellen Verlusten.

Wenn dagegen das Büro des Direktors nach Westen geht, hat das Unternehmen eher die Chance zu florieren. Der Direktor ist dann voller Durchsetzungsvermögen, Vitalität und Energie, so daß das Unternehmen gute Chancen auf Erfolg hat.

Abschließend noch eine Bemerkung zu Anbauten. Anbauten sind grundsätzlich nicht empfehlenswert. Es ist besser, das Haus abzureißen und neu aufzuzubauen, als einen Anbau anzubringen.

Wenn Menschen erfolgreich sind und im Wohlstand leben, haben sie häufig den Wunsch, auch ihr Haus solle diesen Wohlstand widerspiegeln. Sie können der Versuchung nicht widerstehen, in der Mitte eines großen Raumes beispielsweise einen Springbrunnen oder einen Fischteich einzubauen. Solche Fehler haben bereits viele Menschen um ihr Glück gebracht. Familien in solchen Häusern brechen in der Regel auseinander, Krankheiten treten häufig auf, und auch der finanzielle Niedergang ist nichts Ungewöhnliches. Mit anderen Worten, all diese Änderungen sind häufig völlig vergebens. Der Einbau von Springbrunnen, kleinen Teichen oder Fischteichen in Innenräumen ist nicht ratsam, auch nicht in Bürogebäuden.

Beim Bauen empfiehlt sich Mäßigkeit. Übertreibungen sollten vermieden werden. Es sollte so geplant und gebaut werden, daß sich für das Haus eine gesunde und harmonische Wirkung ergibt. Auf diese Weise bleibt nicht nur Ihr eigenes Schicksal gewahrt, sondern auch das Schicksal der nachfolgenden Generationen Ihrer Familie.

Kwan Lau

Die Geheimnisse der chinesischen Astrologie

Ein praktisches und umfassendes Handbuch der chinesischen „Kalender-Psychologie"

Astrologie der Selbstwahrnehmung

Die chinesische Astrologie will unsere Selbstwahrnehmung steigern. Sie öffnet uns eine größere Bandbreite an Wahlmöglichkeiten und die Mittel, gegenüber der wirklichen Welt, in der wir leben und in der wir nach dem Besten streben, zu positiveren und einfühlsameren Einstellungen zu gelangen.
Kwan Laus Arbeit sticht besonders hervor durch den für akkurate Interpretationen unabdingbaren chinesischen Astrologiekalender, der bis in das Jahr 2050 reicht und einem vereinfachten I-Ging-Münzorakel, das auf uralten Texten basiert.

208 S. DM/sFr 24,80/öS 194,00
ISBN 3-89385-141-0

Roland Stenglin

Reiki – Energie und Weg

Eine umfassende und fundierte Einführung in Theorie und Praxis der universalen Lebensenergie

Mit der Popularität von Reiki steigt auch die Nachfrage nach möglichst sachlicher und umfassender Information. Roland Stenglin legt hier allgemeinverständlich dar, was Reiki ist, wie Reiki funktioniert und was Reiki bewirken kann.
Er beschreibt die Phänomene des Reiki-Systems mit beinahe wissenschaftlicher Genauigkeit und Folgerichtigkeit – und hat damit ein sehr wichtiges Buch zu diesem Thema geschaffen. Vergleichende Bilder wie das »Resonanz-Prinzip«, »Der feinstoffliche Radar« oder »Der Körper als Meßstation« helfen, das hinter Reiki wirkende Energieprinzip zu verstehen.

176 Seiten, DM/SFr 19,80
ÖS 155,00 ISBN 3-89385-135-6

Angelika Hoefler

Namen - das ausgesprochene Geheimnis

Neue Systeme zur Entschlüsselung der esoterischen Bedeutung von Namen und Zahlen

Kabbalistik bedeutet Überlieferung, und nach der Überlieferung birgt jeder Buchstabe eine Zahl, die durch bestechend einfache Rechensysteme die esoterische Bedeutung eines Namens entschlüsselt. Die von Angelika Hoefler entwickelten Systeme sind ein Einweihungsweg in die kabbalistische Zahlenmystik. Stufe für Stufe gehen wir mit diesem Buch unserer Einweihung entgegen und es wird uns klar, wo es gilt, Zusammenhänge zu knüpfen, was uns hemmt und was uns fördert, wo unsere Pflichten und wo unsere Chancen sind.

256 Seiten, DM/SFr 24,80
ÖS 194,00   ISBN 3-89385-032-5

Angelika Hoefler

I Ging Ratgeber

**Der geheimnisvolle Schlüssel zum Selbst, zum Partner und zum Leben
Leit-Linien für alle Handlungen und Wandlungen des Lebens**

I Ging als Weg-Weiser, der alle Lebenspfade des Ratsuchenden kennt und ihm Leit-Linien bietet: 64 Hexagramme, die Information, Belehrung, Warnung, Ermunterung oder Rat enthalten. Erstmalig wird hier das von der Autorin entwickelte System vorgestellt, das auf einer faszinierenden Symbiose von I Ging und Zahlenkabbalistik basiert und den Leser leicht und schnell darin perfektioniert, Personen und Situationen richtig zu beurteilen, die hinter einem Geschehen wirkenden Einflüsse zu erkennen, gewünschte Erfahrungen zu forcieren, unerwünschte zu vermeiden und zu-treffende Prognosen zu erstellen.

176 Seiten, DM/SFr 19,80
ÖS 155,00   ISBN 3-89385-013-9

Sofia Sienko

Der Steinschlüssel

Eine umfassende Einführung in das Stein-Reich. Wie man die Geheimnisse der Edelsteine entschlüsseln, ihre Energien freisetzen und zum Heilen nutzen kann. Mit farbigem Edelsteinlexikon

„Der Steinschlüssel" ist ein Kurs in Edelsteinheilkunde. Sofia Sienko hat das Buch geschrieben, das sie sich gewünscht hat, aber nirgends finden konnte, als sie anfing, sich mit Edelsteinen zu beschäftigen. Und sie warnt: dieses Buch macht süchtig nach Steinen. Es informiert umfassend, aber nicht abgehoben, einfach und eingängig über Edelsteine mit allem „Drumherum" wie sie zu Reinigen, auf den Benutzer einzustimmen, die spezielle Schwingung freizusetzen, mit ihnen zu heilen und vieles mehr. Etwa 100 der meistgebrauchten Edelsteine sind in ihren Heilwirkungen beschrieben und farbig abgebildet.
256 Seiten, DM/sFr 34,00/
öS 265,00, ISBN 3-89385-156-9

Dr. John Grey, Bonney Meyer

Gute Karten für die Liebe

Ein inspirierendes Karten-Set für Klarheit, Glück und Erfüllung in Beziehungen und Partnerschaften

Mit „Gute Karten für die Liebe" können wir mehr Klarheit in unsere Beziehungen bringen und konstruktiv handeln. Das Karten-Set ist eine Quelle der Weisheit und ein liebevoller Führer, der uns hilft, die Art von Beziehung zu schaffen, die wir wirklich wollen – ob es sich nun um persönliche, freundschaftliche oder geschäftliche Beziehungen handelt.
Die Karten zeigen, was uns im Moment zu unserem Glück fehlt und welche anderen konstruktiven Alternativen es gibt – damit wir uns wieder wohl fühlen können. Das Buch enthält einen Kommentar zu jeder Karte und zeigt, wie man sie benutzt.
160 Seiten und 64 Karten
DM/sFr 49,80/öS 389,00

Kimberley Marooney

Engel – Himmlische Helfer

Engel-Karten für göttliche Führung und Inspiration

Engel sind himmlische Helfer, sie wollen helfen und unterstützen, die göttliche Wahrheit und Zusammenhänge zu erkennen und Hilfe und Beistand in allen Lebenslagen leisten.
Kimberley Marooneys Werk ist bestens geeignet Menschen in Kontakt, mit den himmlischen Helfern zu bringen. Verschiedenste Legesysteme mit entsprechenden Interpretationen erleichtern den Weg und schon nach kurzer Zeit können wir unsere himmlischen Helfer bewußt wahrnehmen.
Je stärker wir uns der Weisheit der Engel öffnen, desto mehr werden sie uns mit ihrer unvorstellbaren Liebe und Freude umgeben.

208 Seiten und 44 Engel-Karten
DM/sFr 49,80/öS 389,00
ISBN 3-89385-144-5

Franz Benedikter

Die Psyche streicheln

**Die Geheimnisse zärtlicher Berührung.
Wie durch streicheln Hormone freigesetzt werden, die glücklich, gesund und schön machen**

Durch sanftes Berühren bestimmter Körperzonen entspannende oder aktivierende und euphorisierende Hormone freisetzen.
Franz Benedikter zeigt mit seinem kompakten Übungsprogramm, wie man durch Selbst- und Partner-Massage, die eher ein zärtliches Berühren ist, auf das gesamte Wohlbefinden einwirken kann. Wie neueste wissenschaftliche Erkenntnisse belegen, lösen Berührungen der Haut hormonelle Reaktionen aus. Endorphine bringen Glücksgefühle, erhöhen die Leistungsbereitschaft, heben das Lebensgefühl und steigern die sinnliche Wahrnehmung.

160 S. DM/sFr 19,80/öS 155,00
ISBN 3-89385-143-7

Jamie Sams • David Carsons

Karten der Kraft

Ein schamanisches Einweihungsspiel in den „Pfad der Tiere". Mit Karten, Legetechniken und Interpretations-Handbuch.

In der indianischen Tradition war es der Ältestenrat, der Führung und Einweihung gab. Die Karten der Kraft können diese Rolle übernehmen, sie können uns zu jeder Frage Rat geben. Es sind indianische Heilungskarten, die uns auf den Medizin-Weg führen. Wenn wir bestimmte Eigenschaften benötigen, können wir die Kraft des Tieres anrufen, den Großen Geist darum bitten, teilzuhaben an der vollkommenen Harmonie und der Kraft, die das innerste Wesen dieses Geschöpfes ausmacht. Und wir werden Heilsbotschaften erhalten, für die Heilung des Körpers, des Denkens und des Geistes.

240 Seiten, 44 Karten,
DM/SFr 49,80/ÖS 389,00
ISBN 3-89385-037-6

Ferry Lackner

Das Licht der Engel

Ein "himmlisches" Einweihungsspiel und praktischer Leitfaden für die Begegnung mit Engeln und Schutzengeln

Das Licht der Engel ist ein praktischer Leitfaden für die Begegnung mit den Engeln. Die Engel-Karten ermöglichen eine spielerisch leichte Verbindung zu dem Schutzengel einer gegebenen Situation. So kann man sich über eine entsprechende Meditation mit Hilfe der Affirmations-Karten göttliche Inspiration und Eingebung erschließen. Die Zuordnung der Engel zu den verschiedenen Chakren und Lichtstrahlungen, ein genau strukturiertes Arbeitsprogramm, Anleitungen zur Bildmeditation und zum persönlichen Lebensbaum usw. erleichtern die praktische Verwirklichung der Engel-Energien im Alltag.

Set mit 78 Karten und
128seitigem Buch, DM/SFr 49,80
ÖS 389,00ISBN 3-89385-114-3

Takeo Mori · Dragan Milenkovic

Die Geheimnisse der japanischen Astrologie

Ein einführendes Handbuch zur
Persönlichkeitsanalyse und Partnerwahl
Fünf Elemente, neun Sterne und zwölf Tierkreiszeichen
weisen den Weg zur richtigen Entscheidung

WINDPFERD

Titel der Originalausgabe *Secrets of Japanese Astrology*
Erschienen bei *Tengu Books, New York, Tokyo*
© by Weatherhill, Inc., 420 Madison Avenue, 15th Floor,
New York, NY 10017
Aus dem Amerikanischen übertragen von Helen Sonderecker

1. Auflage 1995
© by Windpferd Verlagsgesellschaft mbH, Aitrang
Alle Rechte vorbehalten
Umschlaggestaltung: Wolfgang Jünemann
Gesamtherstellung: Schneelöwe, 87648 Aitrang
ISBN 3-89385-145-3

Printed in Germany